费孝通选集
（纪念版）

桂行通讯
花蓝瑶社会组织

费孝通　著
张　喆　主编

重庆出版社

图书在版编目（CIP）数据
桂行通讯 ； 花蓝瑶社会组织 / 张喆主编 ； 费孝通著. -- 重庆 : 重庆出版社, 2025. 7. -- ISBN 978-7-229-20189-0
Ⅰ. K285.1
中国国家版本馆CIP数据核字第2025WA6758号

桂行通讯　花蓝瑶社会组织
GUIXING TONGXUN　HUALANYAO SHEHUI ZUZHI
张　喆　主编　　费孝通　著

策划编辑:舒思平
责任编辑:袁　宁　舒思平
责任校对:刘　艳
装帧设计:刘　尚

重庆出版社 出版
重庆市南岸区南滨路162号1幢　邮编:400061　http://www.cqph.com
重庆出版社有限责任公司品牌设计分公司制版
天津淘质印艺科技发展有限公司印刷
重庆出版社有限责任公司发行
全国新华书店经销

开本:787mm×1092mm　1/32　印张:8.625　字数:130千
2025年7月第1版　2025年7月第1次印刷
ISBN 978-7-229-20189-0
定价:55.00元

目录

桂行通讯

花蓝瑶社会组织

桂行通讯

那时天已经黑了，他们没有灯，就用松木条燃着火取光。松木条就放在铁片或铁丝结的网上。松木燃着时，放出一种令人想到年景的香气。融融一室，主客欢笑，多年没有回过乡的我，在这种香气中，更觉得人情的深厚了。

作者1935年8月同前妻王同惠赴广西进行实地调查。他们从北平出发，乘坐火车、轮船，经过无锡、上海、香港、广东，后到达广西，从柳州以东象县的大藤瑶山开始，于10月18日进山。12月16日在完成花蓝瑶地区调查工作转移地点时，发生了意外事件，作者不幸误踏陷阱，王同惠溺水身亡。这是他们在瑶山进行实地考察时，写的几篇报道，连载于《北平晨报》、天津《益世报》。

到南宁

我们到南宁刚是“九一八”，在到省府去的公共汽车上，见到一排排制服整齐、列队张旗的民众团体在街上游行，这是我们在北方好久不见的景象了。

在没有到广西之前，朋友们都同我们说，广西是一个谦虚、好学、有为的小弟弟。当然在中国历史上的贡献，广西并不逊于他省。但是因为以前交通不便，地处偏僻，文化建设在各方面比黄河、长江下游诸省，年龄上似乎轻一些。我们来到之后，就体悉到“谦虚”、“好学”和“有为”的意义了。到此虽不久，但是和行政当局及其他民众已有一些接触，在他们灰色的制服、简单朴实的轮廓上，的确描出了一种刻苦不尚浮华的性格；谈话总带着一种急于求知、自觉不足的态度，这种态度致使我们自愧到不知对答。这并不限于行政领袖，而是一般人员的态度，就是其他如报馆记者，亦有于百忙中找我们谈话的，讨论广西的苗瑶，津津有味，全不像其他专以采访塞责者可比。

南宁的市政还正在建设整理之中，街道宽阔清洁不亚于北平，但是令人感觉不便的是交通工具的过于缺乏。全市只有公共汽车四辆，而且时常损坏，所以想搭一次车，竟有等过半小时者。在街头站立，所见多步行的人，虽有自用汽车，但都限于公务人员之用，其他车子极不易见，人多徒步往来。即使搬运货物，亦都由人担负，极不经济。曾见一人挑砖头，一担只挑20余块，人工之费可见一斑。原因是市政设备和它的功能没有调适。南宁本不是一个大都会。自从省府搬入之后，人口骤增，活动日多，原有设备，自不免捉襟见肘了。市政问题，如像住宅、自来水等都很严重，房租之贵超过广州、上海。若是把住房户和房屋数统计出来，数目一定是惊人的。我们到晚上在街上散步，常看到拥挤不堪的情形，有似庙会。我曾向同惠说，香港的灯市，南宁的人市，是我这次南来两个最深的印象。这种情形也是出于住宅问题的失调。——这些都是研究都市社会者很值得观察的材料。

南宁生活费用很贵而生活享受很薄。一切外埠运进的货物，除了很大的入口税外还要加上很大的运费。这种情形使我们想到吴景超先生所谓“发展工业以救农村”，自有实际的道理。以前南宁米价有十五六元一担（合50公斤）的数目，现在小火轮和汽车道修筑后，米价已减轻了一半。在一个农村或内地都市已失去其自足性质时，要减低该地的生活费用，或救济该地贫穷，发展交通和工业是一个重要而切当的办法。

到大麻村去

大麻村是在桂省国民基础教育中心区里，23日教育厅长雷沛鸿先生约去参加他们的讨论会。从我们所住的旅馆去，汽车要走十几分钟，是南宁郊外的一小村。他们是在一个实验小学里开会。地址靠飞机场；旷野一片，独立着白色的小屋，很能表现它奋斗的精神。

我到的时候，他们已经在开会了。很多人一上一下的正在那里踊跃讨论国民基础学校的经费问题。参加讨论的除了国基教育研究院同人和学生外，民政和教育两位雷厅长都出席。广西民众、公务人员、行政长官间亲密的空气，使我极受感动。无怪乎人们都称广西模范省了。

雷厅长约我向在会的同人报告一些来桂的目的和研究计划，但是因为时间太短，所以只能略述一些民族学对社会建设可能有的贡献。大意是说，民族学在中国虽是一个新名词，但是它的内容却是我们中国几千年来学者极注意的学问。好像各地方的志书、各地方的通考，都是以记述文物、典章、制度、民情及风俗为目的的。但是在方法上过去的确不甚讲求，所以我们现在应当利用新方法来扩充及整理旧有的学问。

“广西省人种及特种民族社会组织及其他文化特性研究计划”

以下是我提交省府审议的研究计划书：

广西省，依其民族所操之语言，似可分为三大区，即官话区、白话区（即粤语）及土话区（即壮话和平话），各话之来源流别及分布情形尚无专门研究，但根据普通常识，官话区处东北，白话区处东南，土话区处西部。此次研究工作，因限于时间，拟就此三区中，择一为范围，以后如再有机缘，次第研究其他区域。选择之标准则以研究便利为主，因为三区中在研究之价值及兴趣上言，固无可分高下也。研究工作的便利，首在语言上相通，尤其研究苗、瑶等特种民族时，若与当地之汉人言语难通，翻译上即感困难。余此次尚属初次南来，粤语犹未能通晓，故拟择官话区为范围。

人种研究之目的，除以正确数量规定人种体型类别外，尚可借以明了中国民族扩张、迁移之大势，及各族分布交融同化之概况。其方法则赖人体测量术，遍量人体各部之长宽、周围、色彩、形状，然后用统计方法加以分析，以获结论。所用材料则无分汉、苗，均应搜集；汉人测量时拟用民团为材料，因民团为当地人民，既加编制，又受调练，且有纪律，工作易于着手（今年春季曾应驻北平第32军之约，调查该军体格，故有此经验）。且此项材料非但于研究人种上有用，在军队编制及训练上，也有功用。苟与去春材料比较分析，更可借以明了吾国南北军人体格上之差别，亦军事上一重要问题也。民团之外如学生及其他工人等团体，能有机会，亦愿加以测量。因社会中各团体、各职业，即以体格论，亦有差别，此即所谓社会选择也。

至于特种民族社会组织及其他文化特性之研究，则拟首重行政组织，即省县政府治苗实况，与土司对苗之统治情形。因此次研究期限急促，不能不择其与省行政上有密切关系之问题为主，并拟以客观态度贡献对待特种民族之意见，以备采纳。方法除与相关政府询问调查考核外，并拟介绍诸可靠之瑶酋土司，俾得直接住其地，更以局内观察记录其人民、家庭、市集之组织，与风俗、习惯、美术、宗教及其他种种文化特性。

在特种教育师资训练所

广西省府称苗、瑶、侗、壮等人民作“特种民族”。特种民族的人口全省约有70万，所以在行政上、教育上，很需要特别注意。教育厅有一个特种教育委员会，专门担负设计特种民族的教育事宜。该委员会办有一个特种教育师资训练所，由各县遣派当地特种人民来省训练，使其成为彼等人民的中心力量。该所现为刘锡蕃先生所主持，刘先生即《岭表纪蛮》（商务印书馆出版）一书的作者，对于该问题有极丰富的经验和极深刻的了解，闻不久有详细著作出版，实是中国民族学界的好消息。

该所现在有学生两班，共100多人。初级班尚未开学，所以在校的只有40余人，学生中瑶、苗、侗、彝都有，而以瑶属为最多。

我因为在南宁尚有几天耽搁，所以到该所去酌量学生的体格，一共费了两天，测量了40人，瑶30人，苗5人，倮倮（彝）4人，侗1人，瑶体高平均157.56厘米，头形指数平均81.53，其他因为数目太少未算，他们在体高和头形指数的系联表上所处的地位颇近于高丽华东人民，似多B类，现在材料尚少，不敢作何结论，但此已引起我们极有意义的推想了。

9月25日于南宁

过柳州

10月8日晨，在微雨中我们搭长途汽车离南宁，向柳州进发。广西公路上的交通营业是由省公路所统制，一切商营的汽车，亦由公路局卖票，所以票价是有一定的。以前在没有统制的时候，票面价额虽有定，实价颇有出入，统制之后，商人的竞争取消了，价额才划一。车分大小两种：大的是可容20人的公共汽车，小的是普通篷车。由南宁到柳州，有700华里。价目是：大的每客13元，小的每客16元，因小车较舒适而迅速。小车8小时可达，大车有时要10小时，平均小车每小时走25公里，因为路不平坦，车又多旧货，所以这已是最快的速率了。

广西的公路建筑是近来建设事业中和民团并称的成绩。从柳州到南宁，水路须走3天，现在缩成8小时。对于区位组织上自然是一件极大的变迁，它的影响尚难逆料。但是，广西和他省一般，在公路上活动的，多是乘客而少货物。货物运输的时间问题，在中国内地的经济组织中，还不十分严重，而公路运费太高，不能和内河运输相竞争，自是一件可以预料的事，所以公路建筑在经济上的意义似乎没有在军事上的意义为重要。

从南宁出发时是早晨8时，12时到芦墟站，地属宾阳县界。一路所见的只是起伏的荒山。同车有在农村中服务者，相谈广西的农业。他认为废地和人口分布不均是广西贫穷的最大原因。在这几百里荒废的山地上若能开垦，一定能吸收集中在东部的人口，一般的生活程度亦可提高。这其实是中国普遍情形的一个缩影罢了。但因广西治安有了办法，移民问题自较他省为易。人口政策的急切需要，在公路上汽车里，我才切身目击。

宾阳之北的山，和宾阳之南的山，在构造上、形态上，完全不同。梧州、南宁一带旅行的人是不会了解“山水甲天下”的意义的。车过宾阳，远山遥望真好像是一个屏风，车近时，但见平地罗列着形状千变盆景式的峰峦，为数不啻千万。我曾想，要是这一带位置在黄河边，大水淹没了平地，顿时会变成一片船舶难行的群岛。车就在万山丛中忽上忽下地前进，有峰回路转，车临深壑，令人咋舌难下。最险处名昆仑关，相传狄青平桂，就在此大战。

到柳州是下午四时半，住在新设的乐群社。乐群社是政府设立招待旅客之所，设备俱周，在南宁、柳州和龙州等大埠都将成立，给公务人员很大的方便。柳州的乐群社就在立鱼峰下，风景绝佳，尤因时值月望，明月半空，山影重叠，惯住在平原的我们，至此才觉得造物的幽美了。

我们本来预定由柳州北上经融县到三江。但是到柳州才知道融县一带匪徒又联结土人在上月末起事作乱，虽立即平息，但是深入内地的旅行，或有不测，所以我们改变路线，由象县到大藤瑶山，12日晨离柳。

广西北部和湖南、贵州毗连的地方，正是特种民族杂居的区域。在民国二十一年（1932）的时候，曾有过一次规模很大的变乱，蔓延所及的地方很多。从2月19日到3月25日，一共延长至36天。经驻军全力扑平，死亡土人达1000多。广西民政厅秘书处曾出版一本谢祖萃编的小册子：《绥靖舆全灌龙瑶变始末》，记述这次事变。

我们借这个机会抄几节关于这次事变的起因在下面：

（民国）二十一年春，全县桐木江有妖巫凤顺国者，居恒为瑶民质疑治病，时或手足颤动，闭口喃喃作语，自谓神附其身，群瑶睹状，则惶恐拜伏而听命焉。常自诩有神术，两手能接枪弹百余颗。又谓有宝物藏于刀锋山，葫芦六个，神剑自内飞出可以杀人于百里之外；草鞋一双，放之立变为虎；铁遮一柄，展动则天地化为清水。苟虔诚致祭者，宝可立出。如是言说，群瑶益狂喜相告，谓天助瑶人，赐以多宝矣。

桐木江之大雾浸瑶民凤某之宅地，形似蜈蚣，巫谓当出帝皇。对山山石隆起，如雄鸡之冠，巫谓之鸡公山，前此凤之未王，殆以蜈蚣之颈微损，且受克制于鸡也。如果集瑶数百，负土碚石，积用数月之力而颈损者培，冠隆者平矣。凤乃大喜过望，俨然以王者自居，而巫亦传集远近瑶族赴桐朝贺。

灌属盐田源旧分五源，即少源、茶源、

> 南江、盐塘、北江是也。五源旧隶瑶团，为清瑶秀才梁化龙所辖。民元间，团董姜鸿炳并少源、南江于汉团，五源乃去其二。去岁鸿炳子超民又请削其茶源，而瑶团遂以撤废。酒捐一项，盐塘、茶源、北江三源，前仅月征50毫，今只盐塘一源，加至75毫。盐塘屠捐，前仅月征1060文，今乃增至70毫，瑶民桐果市价每桶3400文，汉民凭势专利，抑价只付2000文，且恒不付。汉民袁春和遽以变告，而团瑶冲突以起。

这几节虽则极简单的记载中，却给我们看到许多有趣的问题。第一，我们可见他们自成团体的民族心理，和这种心理所表现的宗教形式。在我们虽可说是“妖巫谣言惑众”，但是在他们的信仰系统中却是凿凿有据的事实。现在我们对于他们的宗教信仰，虽尚不明了，但在别方面推测“妖巫”所编的预言，是有以民族历史的根据，所以使它能“惑众”举事。尤其值得我们注意的则是“妖巫”在人民中的势力。在这简单的叙述中，使我又联想到通古斯的“萨满”。我们惟有明白这些原因才能免除这时起时伏的变端。若是多用武力镇压，在剿匪名义下大规模的减少他们的人口，既和政府所采取的优待同化政策相背，而且反而增强他们与汉人相对立的民族心理。

第二，我们应当注意的是经济关系。在这里使我记起 Pitt Rivers 在他 *Clash of Cultures* 一书中所述英国对于热带属地的土人的保护政策的经济原因，在热带上白种人是住不惯的，但是热带的出产却是英国工业重要的材料，所以政策极力保护土人，希望他们人口增加，使他们能负开发热带的工作，使英国的经济得到合作的利益。在广西我们也遇到相同的情形。特种民族住的是高山，不是汉族所住得惯的地方，加以广西人口稀少，山地大量荒废，正可和他们密切合作，来加以开发。在经济上是一个易办之事，至少是应该尽量协助他们生产山区所能供给的材料。若能制定一个妥当的交易办法和传授他们新知识，得使他们从事生产工作，广西十几万特种人民，都能在广西的经济组织中成为生产者。比起用兵来镇压，当作匪徒来屠杀，一得一失，相差何远！

10月12日于赴象县之新广船中

在象县

从柳州到象县有柳江可通，坐小火轮12小时能达。我们12日上午11时离柳，当天下午12时到达，路过运江时曾停留一小时。

柳州的市内交通比南宁更不便，除了私家汽车，和酒精厂特设的轻便有轨推车外，完全是步行和肩挑，行李运输之不方便，更甚于南宁。由柳州到象县的水道极老，曲折甚烈，近弯处，山壁峭立，竟疑无路。水流颇急，且河床不平，水花打旋，小船不易航行。

到象县正是半夜，月色千里，鸡犬声中抵埠。轮停江心，有渡船来接，但是为时已晚，仰望山顶城楼，已深睡紧闭，所以只能借宿在码头上的大帆船中，“不知今夜宿何处”的内地旅行，从此开始矣。

大藤瑶山在柳江之东，分隶于桂平南、蒙山、修仁、象县、武宣。十几年前，还是旅行隔绝，不受统治的区域。现在已经沟通，住在山中的瑶民，亦已受编制，加入全省行政系统，由旧有瑶头充作乡长村长，但实际上还是一个自足自治的区域。

我们预定由象县入山。隶属于象县的瑶区有两乡：东南乡和东北乡。东南乡有6村，东北乡有8村，共14村。今年春季县政府曾命令乡长报告所属户口及人口。这种报告的可靠程度如何虽不可知，但亦值得抄下，以示其村的大小。

东南乡

村名	户口	人口
古陈	53	248

大橙	40	198
六巷	63	279
门头	67	266
王桑	18	91
黄黔	31	155

东北乡

村名	户口	人口
龙华	36	203
江南	58	264
冲口	76	341
水绿	56	275
滴水	104	416
平道	85	429
桑柏	31	155
长洞	61	283
总计	779	3603

象县的总人口，据县长口述，最近报告是12万。

据此瑶民为最少，只占3%，瑶民人口的稀少，是一个极堪注意的现象。据说十几年前，为数比现在尚多，人口数量降落是很显著的。在两个力量不平均的民族接触时，弱小民族人口数量的降低是一个常见的事实。在热带的英属土人，如澳洲南端的达西门岛的土人在几代中完全绝迹。这种事实，曾有人用疾病及其他原因来解释，但是Pitt Rivers则认为最重要的是文化压力，和史禄国教授之民族理论相符合。就是以现在我国所处的地位来论，人口压力日重，过剩的声浪日高，节育的传布日广，亦可视作和西方强大民族接触后的一种自然现象。

我们在进入大藤瑶区之前，在象县测量当地人民的体格。广西的人民，除了原有的土人外，大多数是中原和沿海诸省的移民，在体质上复杂的情形是可以预料到的。所以我认为，要研究广西人类学，一定须以县或更小的区域作单位。这一次的研究计划就包括和瑶区附近的各县人体测量的工作。一方面可以借以知道这些区域中，移民来源的真相，一方面可以断定和瑶民混杂的程度。

在象县我们就开始工作。以前我们测量的多是限于一定的社会团体，不容易代表一般的情形。这次我们靠县政府和镇公所的帮助，得以沿街抽丁测验，一共测量132人。

除太老及20岁以下的16人外，共得116人。在离开象县前曾把这116人的体高和头形指数平均数及变量指数加以计算：

	平均数	变量指数
体高	162.88	5.00
头形指数	79.54	3.67

低体长头和高体长头极众，所以头形指数颇低。这两个平均数已经足以见到广西人体质和华北、华东甚至广东的相差甚大了。

入瑶山之后，通讯极感困难，住所和邮局相距有200余里，除了有便人带出外，无法可以投递，但是我们依旧愿意尽力设法，希望不使这通讯中断。

10月17日在象县东成利客栈

百丈村[①]

我们在象县县城结束了人体测量后，10月18日便动身赴大藤瑶山。瑶山距象县县城约有两天路程，合计百余里。山路崎岖，既没有水路，又没有公路，只能挑担坐轿步行。我们一早起身收拾齐备，等待出发，直到9点，挑夫才来，原来当天有一家出殡，全城只有他们这几个挑夫，所以必须等出完殡才来挑我们的东西。轿子两个人抬着，每顶轿子每天2元8角，每个挑行李的脚夫每天1元2角，他们每人可挑60斤，走70里路。辛苦是真辛苦，不过比起汽车运输，却不经济得多。汽车

①本文系作者前妻王同惠执笔。

运输在广西本来已经算贵了，我们从南宁到柳州700里路，400斤行李，费洋37元8角，合每百斤行百里，1元3角5分；这次一共有68里，行李300斤，费洋7元2角，合每百斤行百里3元5角，贵上一倍多。至于水路，坐上小火轮，旅客可随意带行李，不另加价，所以比起来，水路最便宜，人力运输最贵。

我们上道坐了轿，在全巷注目中出了县城，向西进发，天阴，微雨。孝通笑向我说："结婚时没叫你坐轿，今天补上罢。天还代你挂灯。"

广西人口极稀，行路上很少经过村落，走了约莫有20里光景，在10点55分到高巅，有100米高，山顶上有一所土房，一个老妇人在里面当炉，是一个专供行路客人憩息的地方。我们就休息了一会儿。再往前，尽是难走的山路，我的一顶轿，走得快，当先赶过了后面的轿子和挑夫很远，天雨旷野，绝无人迹。四顾只是荒山，真使人提心吊胆，想不到还有回到人群里的一天了。

第二天停留在横桥的一个竹林旁，也有一座卖水卖粥的土房。这时已经12点20分了，有一个挑夫落在后面，因为他所挑的比人家多十几斤重，所以落伍了，可见人力运输的限制是多么显著。后来换了一个挑夫，才再动身，已经1点50分了。2点20分到寺村镇。寺村镇一带水田青青，颇有江南风味。我们觉得广西的问题是在地多人少。人口略繁的寺村镇，就能开辟成一片很大的农场了。若是能输入大批人口，把广西的荒土都加开辟，广西一定能成一个很富的省。我们在寺村镇的乡公所里休息了一会儿。寺村离县城有50里，离我们的目的地百丈约18里，不过要翻过一个山，叫猪肉坑。

我坐的轿子，还是在先，5点10分便到了百丈。当轿子初到时，便被一群孩子包围住了。他们一边跟着轿子跑，一边口里嚷着，嚷着些什么，我可不懂。轿子停在乡公所门前，我那时已被大大小小的人密密重重的围住了，小孩子们甚至伸头到轿子里面来看我，我急得没有地方可躲，离了人群固难受，进了人群更难受。

等了20分钟，我们的队伍才到齐。一同进了乡公所。广西的乡公所是“三位一体”的组织，是学校、民团和乡公所的集合体，校长就兼乡长和队长。我们一进屋，60余个小学生，就跟着进了屋。天既阴，又近晚，黑压压的只见满院满屋的人头。这时候我们因坐了一天的轿，又累又倦，进了一间办公室，是特为我们预备下的房间。打开行李，刚想在木板床上躺一下，猛抬头，看见窗棂外，梁头上，都是乌黑黑、好奇而静默的眼睛，弄得我们哭笑不得。内地旅行生活，毕竟是不舒服的，我们到处住不上三四天，又得赶路，行李也没得安息，天天翻腾，刚打开，不久就又得装束了。

在象县县城我们住的客栈是一座二层楼房，楼下是猪人同住的暗室，楼上是两间通房，里面摆了五六张木板床，神座、破桌、木柴、干菜、稻秸、什物，布满了灰尘，陈设在房里，男女客人无可分间。到了百丈，乡长招待殷勤，给了我们一间房，既没有猪，没有柴木，又没有男女杂客，所以我们很觉得愉快。几天来，换新地方，不能安睡。木板床，躺着不舒服的娇病，至今算是完全断根了。

第二天还是下雨，天气冷得好像北方的初冬气候，都穿了棉衣。孝通打算在这里再量一批人，所以打发轿夫回去了。这里的人不及县城里的人开通，怕是派来验身体征兵的，但是为好奇心所驱，愿意瞧瞧热闹，所以大家挤着在门外指手画脚的探听，等招待他们进来量时，却又畏缩不前，都悄悄溜走了。所以那天只量了17个人。

第二天是墟期，这里是三天一墟，就像北方的集一般。我们便到街上去看热闹。百丈村住户只有百余，但是一到墟期各地来的人有1000多。街上的住宅和有门面的店铺不很多，很多是临时造下来的棚屋，四边没有门墙，和普通城市里小菜场一般。百丈市场的组织很有系统，按照货物种类可以在地域上划分区域，布匹洋货、蔬菜、肉类、鸡鸭猫狗、药材、日用、柴火等都有一定的区域，各不相混，也是一幅小规模的区位分布图。

百丈离瑶区只有几十里，所以每逢墟期，就有瑶人来做买卖。我们在当地认识了一个开店的老年人，和瑶人颇有来往。他们有一个茶楼，瑶人常来坐息。我们就在这茶楼看见了五六个瑶人，有两个女人，背上还有一个小孩。他们是山子瑶，在瑶人中比较穷苦的一种。他们见了我们很和蔼，也懂官话。我们在南宁特种师资养成所第一次看见瑶人，但是他们着广西通行灰布中山装，说着官话，看不到瑶人的特质。这次才看见穿瑶装说瑶话的瑶人。

这一天我们又量了16个人，连昨天一共有33个人，除去4个未满20岁的，共有29人，平均体高

163.50，平均头形指数是81.19，比县城中身体略长，头形略圆。相差只68里，体质上已经如是分别，广西人种之复杂可见了。

10月20日于百丈村乡公所

入瑶山

从百丈东南行25里，过枫木界顶，就到瑶区了。我们从9月18日到南宁以来，天天盼着入山，直到10月21日才到目的地。一个月来焦急的心绪可以想见了，也正因为姗姗来迟，才分外的觉得意味深厚了。

百丈虽然离瑶山不很远，可是普通人对于瑶山还是很隔膜的，到过瑶山的人也不多。所以在临行时，大家都来同我们说瑶山的路是怎样怎样的难走，怎样没有东西吃，从他们说话里听来，去瑶山简直是难似登青天，而瑶人简直是“野人”。

临行的前夜，我们烙了四张饼，煮了一锅鸡蛋，又唤了两顶轿，虽然人家向我们说轿是坐不得的，坐了太危险，但是我们还是觉得有一顶轿可以省些力。

那一天我们便打好了行李准备上道，但是挑夫和轿夫9点才来。所谓轿子比从象县来时所坐的更简单，只用两根竹竿绑住一个座椅，人坐在轿上，确有一种摇摇欲坠的恐怖。出百丈村东门行不到半里，就遇到一条约有20来丈宽的河，因为这河是从界岭流下，所以称为界岭河，河身极浅，普通只半公尺，水流极急，河底都是石块。我们就从桥上过去，桥是用石块堆成高出水面半公尺见方的十几个石柱，而两柱间又架上木排造成的。过桥之后，便沿着河走，起初还有路，后来只有田岸，再往前走，则只好在田中横越，那时正值秋收，所以尚不觉难走，近河，就在河边石子堆上慢慢地走，水顺着山势下流，每逢一曲，对水流的一边，就成了悬崖绝壁，无路可通。我们就得涉水到背水来的一边，这些地方连简单的桥都没有了，幸亏我们坐了轿不致打湿。

涉了两次水后，到达凤凰岭，岭上细草如茵，一丛丛冬青树点缀得竟像一个人造的公园。山顶有一个卖粥供人休息的小棚，我们就停了一回。

过凤凰岭再曲折向东南沿山脚行，涉水四次，才到界顶山底，仰望看不到山顶，山势斜度极大，于是不得不舍轿步行了。山坡上时有稻田，真使人感觉到人力的伟大了。我们低着头，只知道一步一级地爬，好像是走着一个没有尽头的路程。直到500米的高处，突然看见挑夫们都坐着抽烟闲谈，才知道我们已到山顶了。休息片刻，风很大，怕着凉，就下山来，“上山容易下山难”，上山只要努力上前，下山既要前进，又要步步能收脚，顺境何其难处也！我们愿意永远在上山的路上。

屡次颠扑滑跌，才得到山脚。山水细流，潺潺不息。我们就席石而坐，涉足清流，凉爽可喜，可是同惠的脚已在山道上擦破了。就轿再行，所经俱系峻恶难行之路，忽而缘峭壁，忽而过独木，下轿不止十余次，一路只觉得造物的着意真是无美不备，无奇不有了。我们都市的儿女们，对此惟有慨叹惊愕了。

王桑三日

从象县入瑶区，王桑是第一站。过界顶东南行20里就到。我们坐轿尚觉辛苦万分，路程之险在瑶区中算是有名的。其实全因为这险恶的山岭，我们在今日尚能在这地方见到瑶人的村落。几千年来在汉人的压力之下辗转南迁，直到这些深山崇岭之中，瑶人才能维持他们的独立，没有这天险，哪里还有瑶区呢?

一路，我们但见山谷中一片片、一层层依着山势重重叠叠砌成一级级的稻田，见了使我想起幼时父亲从菲律宾带回的相片。苗、瑶是最能耕种的人民，所以

P. Wieger认为苗名就出于“草田”耕种的原因。[1]在山上种田，最大的困难就是灌溉。不能解决这问题，就谈不上种稻。他们却从祖宗传下了一个极巧的办法，用竹管半片，接上泉源，一直连到田里。很多人以为汉人在文化上一切都比苗、瑶为高，处处用着“开化”二字，叫他们什么都学汉人，连服装发髻都觉得不如汉人，谁知道在瑶山中可以使汉人学的地方还多着呢！若是这种简单轻便又经济的灌溉方法学得了，一定能使很多广西的荒山，成为有出产的熟地。

在一片鸡鸣声中，我们到了王桑，已近黄昏时节。村落是向西靠山而成。有竹篱和矮墙围着。土屋比邻，间以方形的谷仓，一层层的靠山房屋，远地里就可以窥见村落的全貌了。

王桑是花蓝瑶的村落，姓胡。在发式上可见他们的特点。男子从小就留着头发，在头顶向后挽成一个田螺

①见Savina, *Histoire des Miao*, 第175页引。

形的头髻，再用一块白巾，沿额向后，在颈后打一结。女的，未成年的（15岁之前），梳两条辫，交叉盘在前额；成年的，则把头发，用猪油泡了，梳成一个“灯罩”式的头，一直罩到眼睛，发端挽到头顶，打一髻，再用一块白布罩下，一如护士所戴的帽。

花蓝瑶分布于王桑、门头、古浦、六巷、大橙。所说的言语各处相同，略有差别。有三大姓，蓝、胡、相。门头的花蓝瑶是姓胡。

我们到后就被引到村长的住宅，房子都用黄泥混着石子打成墙，用瓦或树皮作顶，再用竹子编成晒台，全村的房屋建筑的形式大致相同。进门南向，正屋西向，正屋前有一晒台。房屋多没有窗，屋东南角是煮东西的灶头，没有烟囱，所以满屋都熏得黑洞洞的。东北角放着锅子，打米的臼，和其他杂物。正中向门有木壁，中门放着香炉，祭供祖先的地方，但没有神位，下面就放着一长几，接着一方桌，我们就坐在方桌旁边。他们自己人起坐的地方是在西南角，堆着一堆火，大家就围着取暖、吸烟、谈笑。角里就铺着床，有1公尺高，用席作褥。西北角有的家里用板壁隔成一小屋亦作卧室。

我们到时，村长还在外工作未归，他们的媳妇在那里煮饭给我们先到的挑夫们吃。挑夫毫不客气的大碗盛着，据说是不用花钱，因为瑶人到汉人家里亦可自由吃饭，这是民族的礼仪。

不久，在外工作的男女们都回来了。村里人都知道客到，带着米来问讯，客人所用的米是全村大家供给的。那时天已经黑了，他们没有灯，就用松木条燃着火取光。松木条就放在铁片或铁丝结的网上。松木燃着时，放出一种令人想到年景的香气。融融一室，主客欢笑，多年没有回过乡的我，在这种香气中，更觉得人情的深厚了。

我们自己煮了带来的香肠腊肉，他们温了酒，团坐一桌，主客倾杯，真是一见如故。依他们的风俗，要表示好感，就得两人在对方的手中，互相干杯。要做民族学研究工作的人，不会喝酒是不成的，史禄国先生已屡次劝过我学习。在一生人面前，不能畅怀豪饮，无形中就会主客之中造下一道心理上的隔膜和怀疑。这时我才感觉到喝酒的重要了。而且在半醉之中，交涉事情也容易获得同意。通古斯人因为断了酒，两年中没有讲成一件婚事。瑶人也是善饮的豪客，我是三杯见色，比他们差得远，幸有同行的张科员，量还好，尚可对付。他们喝的是自制的白酒，没有海甸的莲花白凶。

换过了杯，我们就开始猜拳。猜拳的一种玩艺流布真广。瑶人中普通男子都能猜三拳，他们的规矩是四次算一段落，四四十六次才结束。

王桑的瑶人男子都能说一些广西官话，所以我们在言语上，尚能粗粗达意。我们又学了几句瑶话，说得不很像，引得他们呵呵大笑。这晚上，我喝得有些醉意了。在醉意中，他们也明白我们的来意，并不是难为他们，并且允许我们测量他们的人体。

饭后，我们被领到一所新造的房屋里，比较考究，正屋的对面，隔一间道，有一个三门房的楼，楼下是猪、牛、鸡的卧室，上面南间就是我们的客房，因为这屋是新造的，所以有一个小窗，而且屋内没有生过火，不像正屋那样熏得像在烟囱里一般。中间出去就是晒台。每间大约有3米阔5米长。刚够我们两张床，瑶人很忌客人夫妇同居，是一种“他不”（taboo，即禁忌）。他们本来打算叫我和同惠分住两室，后来找不到地方，又经张科员向他们说明我们不破他们的规矩，才迁就过去。

那时已很晚，又是醉意倦人，我们不愿再架开带来的行军床，就在他们的木板上睡了。可是蚊虫臭虱，整整地闹了一夜。临睡时，瑶人男女挤了一屋，一定要看我们睡。什么东西，他们都觉得好，最受人赞许的是我们的两只长统靴。他们是不穿鞋的，从小就赤着脚在山上乱跑。虽是走惯了，但是受伤溃烂的很多。

第二天一早，就在梦中听见有节拍的砰砰声，同惠比我先醒，急忙去看，回来就叫醒我说一同去看他们舂米。原来瑶人的田太狭，收谷时不能像汉人一般在田里把谷子打下。他们是用特制的小刀把稻穗连谷秆一同割下来，扎成把，每把8斤，在晒台上晒干了，一起放在仓库内。每天早上煮饭时，临时打谷舂米。每家早上煮一锅饭一锅粥，粥是当早点，饭是用芭蕉叶包了带到田里去吃。他们不分男女，除了小孩和老人家，都是整天在山里工作：种田，砍树，打鸟，捕鱼，不回家来。所以他们不能不准备好一天的粮食，晚上回来，再煮一锅粥。在我们洗脸的时候，有一个由平南来的汉人，肩着袋，提着箱进门来。原来是做买卖的，他带了汉人的货物在瑶山中兜售。也就靠了这种商人沟通着瑶汉的交易。在百丈我们已看见三天一聚的墟，瑶人也有出山来赶墟的，但是路程遥远，往来就需两天工夫。工作紧张的瑶人，不能专靠“墟”的制度来采购汉人的货物，所以这种行脚商人在瑶山商业制度中是很重要的。他们是农夫，王桑全村就没有一个商店，也没一个瑶人是靠买卖生活的。农商的分工成了民族的分工。这个商人带着两种货物：一篮做酒用的酵母，一箱刺绣用的花线。后来我们又看见有商人带着火柴，吃的腐竹，有布匹和旧棉衣。我们还看见卖盐的，盐是瑶人仰给于汉人的一种重要日用品。瑶人没有自己的货币就用汉人的银毫，钞票不通用。我们在象县就换了银毫进山，所以没有受到困难。

这天早上，因为村长已通知全村，叫他们聚会，所以有很多人等着没有出去做工，我们就向他们说要检查身体，借以知道瑶汉的差别和瑶人普通的疾病，下次好带药来。瑶山中没有新式的医生，虽则靠着天然的空气和日光，使他们不致发生许多都市中常有的疾病，但是疟疾、沙眼和疮疖却很普遍，对他们的工作影响很大。

他们知道我们有药，都来讨取，所以对于人体测量并不十分拒绝。但是没有成年的，他们不愿受检，因为他们说被我们测量了就不能再长了。这一天我们量了11个人，全村壮丁不多，所以我们也算满意了。

自从我们入山以来，老是阴沉沉的天终日在云雾中，晴天在瑶山是例外。这也是他们能种稻的重要原因。但是天阴雾大，照相机失去效用。出发前，史先生就教我学画，水彩、铅笔和画图簿都带着，所以我就在王桑写生，画了一张房屋的外形。在民族学的研究中照片很有限制，远不如笔画便利，照相不能立刻把结果拿出来给人家看，鬼鬼祟祟的，在黑匣子里不知装什么鬼，更不知你摄的什么魂，自然容易引起人家的误会来。画图是大家懂得的，而且也可以当时在众人面前公开的画，问他们像不像。爱美是人的天性，他们一样的能欣赏你的画。要研究民族学，在实地观察中最重要的精神是坦白和诚实，坦白和诚实能赢得同情，也可以避免危险。

当时，他们看我画得很有趣，我就借此机会替一个小孩速写了一张，大人们非但不拒绝，而且叫小孩不要动，让我画，于是我又进一步替一个老年人画了一张侧影，以补充我人体测量的不足，并且可以表示他们的头饰。他看了很喜欢，还请我到他家里去，想请我吃饭。

抽烟也是一个获得友谊的方法。他们抽的是土烟，我带的是卷烟，味道自然比他们的强，每人敬他们一支，大家就笑逐颜开了。

这一天晚上，我们把行军床张起。从到广西以来总是在木板上过夜，虽然睡惯了，但是一睡到帆布上，简直像是登天，同惠嚷着，舒服死了，舒服死了。

第三天是10月23日，就离开王桑到门头去了。

10月30日于六巷

门头瑶村[①]

我们在王桑住了一整天，第三天早晨9点钟便动身到门头去。据说门头距王桑有30里，但是各人估计不同，山路中距离确是不易计算的。

因为总是下着毛毛细雨，所以路上逢到粘土、青石处便滑得难受。村长送我们到村外，又替我们拔了一根竹竿做拐杖后，才分手回去。从王桑到门头的山势虽不及进王桑时来得险，但也够难走了，加上前次脚上的伤口还没有长上，所以异常辛苦。前面的瑶人挑着我们的行李轻松的一步紧跟一步的往前走去，不肯稍停。我们

①本文系作者前妻王同惠执笔。

又不认识路，生怕走迷了，死在山里，也没人知道，只好紧紧地跟着，心里却千后悔，万后悔，不该到这种地方来。不多时候，前面忽然没有了去路。这时我们已被丢下，连前面挑夫的影子都看不见了，山是陡得站不住人，下面是十几丈的山谷。山水从山顶上泻下来挡着去路。四下里听不到半点人声，只有永远响不住的水声。这时我简直累晕了，想来想去，身到此境，前进既不易，后退也不行，抱怨别人更无济于事，只好坐在山石上停一会儿再说，约莫有10分钟光景，才气呼呼地把两只手抓住了块怪石，像狗一般的爬了过去。经过这一次打击，此后气更不壮了，每隔10分钟就得休息一下。这时已有12点钟，挑夫们早已到达门头了。在腰酸脚痛中奔着我们从未走过又不知目的地何在的路。幸亏山上只有这一条“大路”，所以不致走失。半路上遇见门头来的一队瑶人，都是背着猎枪去打鸟的。他们早就知道我们要上他们村去，所以很熟悉的向我们用官话打招呼。我们问他们路，他们就派了一个十五六岁的少年带领我们，还替我们背着水瓶和旅行袋，所以我们轻松得很多了。但是我那时早就累昏了，什么话也不想说，孝通还有余力同他问长问短，又在休息的时间，要他开一枪看看，并且把猎具都画上了。带我们的人，异常和气而且有礼貌。瑶人都是很有礼貌的，不只是对我们如此，他们自己彼此也都很和气。在王桑时，村长执着酒杯很骄傲地向我们说："不用怕丢东西，瑶人是晚上开着门睡觉的。也从没打架相骂的事。"这并不是说瑶人是没有财产观念的。我们亲眼见到一家的猪很凶地帮着主人驱逐邻家的猪来吃槽里的冷饭。

当我们于乱山缝里瞥见村落时，已经两点钟了。村落的形式和房屋的造法与王桑相同。门头瑶和王桑瑶是同系，他们都是花蓝瑶。不过门头的村落大些，人口较多。房屋靠山面向西南，村前就有一层层的稻田，时已深秋，稻熟满田作金黄色。乱石中流着泉水，雄鸡像对话般一答一应地叫着，我们坐在一块平面的石头上，一边喘气，一边欣赏这一幅自然的图画。两人头上都冒着热气，刚才的痛苦，不知消失在哪处云雾里了。

进村后，张科员和挑夫们都在山下，在一间村公所中等我们。村公所是兼着学校的差。教书的先生姓陈，是个汉人，他已几代住在瑶山中。在王桑据他们说亦有一家姓金的汉人。在瑶区中的汉人是受瑶人的统治，都是很苦，租着瑶人的地过活的。

姓陈的那位先生是个基督徒，所以满壁贴着基督教的挂图。他躺在床上，前天被毒蛇咬了脚，肿得可怕，还有点发烧。孝通就替他敷上药，用纱布包好了。谈了几句之后，村长就领我们去寻晚上过宿的地方。

后来我们挑定了他的家，在山顶，从晒台上望出去，风景绝佳。正屋外面好像是一个走廊，堆着杂物，有一堵短墙和晒台隔着，孝通的床就架在这里。进门处堆着柴，猪鸡满地，旁边和晒台横接着有一间小屋，黑洞洞的，刚容得下一只床。床头留着2尺余地，地上堆着一大堆灰，不知是做什么用的。

没有进瑶山之前，人家都向我说瑶人的房屋是如何如何的坏，而且臭得厉害。但是我们却没有这种印象，比了汉人的农村，即使不好一些，也不致较坏。每家都有一间正屋，一个谷仓，一间猪牛住的栏房，一两间小屋，一个晒台。比较好的就有两座正屋，很高大。猪和鸡虽则在进门处弄得很脏，但是有竹制的屏挡着正屋，不许它们乱入的。加以他们有很好的“自来水”的设备，水的供给便利，洗东西也容易。

在田里我们已看见过他们用竹管导水的灌溉系统，同样的方法，他们从水源把水引到村里来，竹管一个接一个，围绕着全村，每家都可用竹管去接水到自己家里。这种方法和“自来水”的性质是相同的。

村长是一个年约50多岁的老人，家里还有老父、妻子和一个孙女一个孙子。他的女儿已出嫁。他的媳妇两年前已死了。我们到他家里时只有他和一个小孙儿在家，其余的都出去工作了。瑶人中男女一样在田里工作，男女的分工依我们观察只限于针线纺织一项，男子是不做的。打猎偏重于男子，但是女子也有出去打猎的。做生意例如编木排则限于男子，领孩子除了母亲，祖父比任何人责任都大，自己的父亲倒没有祖父的亲密。原因是他们结婚生子的时候，正是担任着一家工作的主要角色，祖父年纪较大，正可在家领孩子了。

我们到门头时，该乡乡长之子蓝济君从六巷来接我们。他父亲是以前花蓝瑶的大团总。现在改称乡长，有一个传教士到瑶山，他就信奉了基督教，到桂林去受洗礼。也到过南宁，进特种师资养成所里念过书，所以汉化很深。能说通顺的官话，头发也剪了，穿了广西公务人员的灰布制服，简直看不出他是瑶人了。

这天晚上，村长请了蓝济君和我们几个人喝酒。他们的女人是不上席的。也和汉人一般每夹一回菜，必放下筷子向大家劝酒。也会猜拳，所以很热闹，我们在席上就问他们瑶人的婚姻，他们告诉我们说，瑶人订婚多在15岁以前，是“恋爱成功”的。但是也有小时候父母代为订下，蓝乡长自己就是父亲代他订的。指腹为婚的也有。但是最后的主权是在男子本人。若是由父母代订，本人不满意就可随意解约，父母不能强制。

他们通婚的限制是同族和亲戚不能结婚。一族是包括他们认为同祖的后裔。同族之内不相通婚。有姻亲关系的三代之内不许通婚。妻子的选择是先就同团，花蓝瑶娶花蓝瑶，女子不够时，可以娶别的板瑶和山子。因为板瑶和山子没有田地，所以花蓝瑶不嫁女子给他们的。他们的姓和族并不相合，所以同姓不避婚姻。姻亲不能结婚，所以没有中表婚姻。兄死弟娶嫂，姊死姐丈娶内姨的婚姻在花蓝瑶中都没有的。

瑶人住在山地，一年的粮食多不够吃，不得不向山外去买。买东西，拿东西去卖，而他们的生产很少。树木虽多，但是没有水路的地方就不能往外运。野味只够自己吃，卖不了好多钱，所以他们不能不限制人口了。方法是每对夫妇只许生两个孩子，若是一男一女，便男娶女嫁，两女便一嫁，一招赘，两男便一娶一出赘。生了两个孩子若再生子便请别人用绳勒死，或不给奶把小孩饿死，听说他们也有一种药可以吃了不再受孕。总之，他们总是使一家只有一对夫妇传下去，田地不致分散。瑶人中没有买卖田地之事，没有田的人，永远没有田地。譬如板瑶和山子，祖宗没有田地，他们便永远做花蓝瑶的佃户，没有做地主的时候。

次日（10月24日），我们就开始量人，但是门头村的组织较次，所以村长的号召力就小，来的人很不踊跃，只量了5个人。

我们和张科员住所相离较远，所以我们自己做东西吃。就在孝通的床头支了三块砖烧起火来煮东西。烧火是一件看若容易而其实很困难的事，住惯都市的人当然不会体悉到引火的困难。我们用着树枝作柴，一忽就灭。真活活的把我们焦急死。孝通说史先生曾说过在通古斯有一个人，不会引火，就活不下去，因为风大雪重，一定要起火取暖，而火之难着百倍于我们。但是经了一番麻烦，煮出来的东西却格外好吃。两人相对微笑，这才是甘苦!

这天天气很好，自从入瑶山以来，从未遇见过这样好的天气，总是阴沉沉的，周围高山都浸在云雾里，望去只是白茫茫的一片。有时候偶然在淡云中露出一些树木的模棱的外形来，但一忽儿就又收入云中了。孝通说，“不识庐山真面目”就是这种景象。

瑶人女子的上衣，在袖口和下沿都绣着花边。下午孝通坐在晒台上依了那小女孩的衣服来画他们的花样。不一会儿来了一个长得很美，行动又很风骚的瑶女，她看见画花样，就在怀里掏出一块还没绣完的衣袖来，真好功夫，满块都绣上了，和织的一般。孝通要借她来画时，她却笑嘻嘻的收起来了。一扭头就在笑声中跑了。她穿着一双木屐，完全像日本人穿的一般。此后她每见我们，必做鬼脸逗我们。

晚饭后，我们又坐在晒台上喝茶，远山里的火把忽出忽没，一起一伏，好像鬼灯一般神秘。这是瑶人由山野里回来时打的火把，有时他们回来得稍晚一些，家人不放心，便站在晒台上遥望，呜呜地打哨，山里回来的人听见了也鸣声相应。终天飘荡在山野里的游子，心还是系住在家里的。

次日，一早再继续量人，量了14个人，一共连昨天有19个人，得到这一点材料是不容易了。天又下雨，一连两天，所以到28日才离开门头，向六巷进行。

1935年10月31日于六巷

六巷[①]

我们到六巷的第三天早晨，便到山下庙里去量人，由蓝济君召集。前一天晚上，张科员和孝通先到下面去对村人讲话，说明他们量人的用意。孝通说话，他们是不懂的，所以完全由张科员负责。张科员仍旧像在王桑、门头一样，说："我们量你们，是看你们有病没有，下次来好带药给你们。"孝通对这种类似欺骗的事，表示不赞成，他主张诚实坦白地说明用意，不过张既这样说了，就由他去吧。

那天晚上，他们回来得很晚，我自己先睡了。不一

①本文系作者前妻王同惠执笔。

会儿，门响了一声，走进四个瑶妇来，一个是济君之妻，一个是媳，另一个是邻人，还有一个是板瑶，大概是做客来的。她们叽叽咕咕地向着我笑，我也报她们以微笑。她们看见我们的什么东西都觉得惊讶，到处翻腾，不过我并不害怕，因为知道瑶人是不拿人东西的。最后她们四个人唠叨了一会儿，大约怀疑我睡觉脱衣服不脱，所以她们来掀我的被窝。我怕冷，按着不许掀，她们便去拉我脚下的被窝，终于我的一只胳膊被拉出来了，她们知道我是穿着衣服睡，才住了手，把我弄得啼笑皆非，闭上眼睛不理她们，她们觉得没趣，这才走了。

第二天早晨，我们下去量人，济君跑了多少路，“呜呜”地叫了多少声，才来了5个人，其中还有1个板瑶。但同时庙前却聚集了许多女人小孩，带了剪稻器具，背了饭筐，在那里瞧热闹。过了一会儿，倾盆大雨下来了，这些人都躲到村门底下去避雨，凡量过的男子，都到庙里来避雨，未曾量过的不敢来。据说，他们不敢来的原因有两个，第一，孩子老婆怕男人量了会死的，第二，怕量了看他们身体好，把他们带走了。

欺人的事毕竟做不得的，他们每个人量过后，都要问孝通他有病没有，他的眼或牙若痛，便叫孝通替他医，也有的说他老婆或娘老（母亲）病了，请孝通到他家里去诊治。这一来，孝通为难不轻。并且他们又带着怀疑的意思，对济君说："为什么家里有病人，他们不量，偏要量不病的人。"张科员说的是每家来一个男人，那些在庙前看热闹的妇人孩子，我想大约是男人派来代表自己的。

我们量人所在的庙，现在改为国民基础学校了，经费每年200元，但是里面的神像，却还没有拆去，向门贴墙搭了一条长木板，离地约4尺高，板上横排起来，挤了36个泥塑的神像，挤得很紧，排起来正与屋宽相等。神像背上写着神名，据说是不准用手动的，我们总想去抄来，但总不敢去。那天量人时，因为等得太久，无聊得很，我便想去抄神名，因为庙里人太多，孝通谨慎，惟恐被他们看见了，所以打着英文对我说："Don't do anything"，但偷偷摸摸的，毕竟被我抄了七八个。又过了几天，孝通与张科员往大橙量人去了，我因为身体不好，所以没有去。次日我冒着险独自去抄神名，每抄两个时，便到门口去望望，看准近处没人时，再进去抄两个，如是五六次，36个神名都被我抄完了。抄时浑身打战，好像在偷东西一样，惟恐有人走来。抄完了，将小本塞在袋里，头也不敢回，赶紧跑了回去。上山时，两腿还有点发软。这些神像的来源和意义，我还没有弄清楚，先把神名抄在这里吧。

由左至右：判官，陈氏大奶，韦金身，龙氏，三官，韦天成，韦金龙，韦明大，韦大师老爷，李杜大王，王官，土主，韦金凤，□，朴氏，五谷，三界，晚雷土中官。

由右至左：判官，□，□，冯信，冯远，盘古皇，九吴，冯雨，吴大郎，□，进官，□，伏羲，冯古，神农，□，王氏二奶，□。

（注：有框的，都是背上没有写名的）。

孝通到大橙去了两夜，第三天回来，连衣服带被褥都湿得一塌糊涂。这条路连瑶人都说难走，回来第二天便病了。这天晚上，济君来看望他，想替他赶鬼，先叫孝通说他的病状，看看是否有鬼。孝通一说到恶心想吐时，济君便出去了。我连忙跟了出去看他做什么。他到正屋里端了一碗饭，拿着三支香，他的夫人后面跟了他，拿着几张火纸。他先到孝通床前，把饭放在地上，把香点着，告诉我，等他一出去，立刻要把门关上。他又把饭端起，拿了香便出去了。我照他说的急急把门关上，跟了他出去。他到外面把火纸点着，口里念叨着把饭泼在地上，将三根香插在纸灰后面，站起来很肯定地对我说："不要怕，明早就好了。"

第二天早晨，孝通果然见轻了。济君又来访问，他看见孝通精神好些了，快活得很，自觉做了一件慈善事业，救了一个人。他告诉我们那条路上死过80个人，都是民国十三年打强盗死的，那些鬼都变成山鬼，因为孝通是生人，所以跟了他来捣乱。他把饭放在孝通床前，是要引那鬼下来，他一出去，我立刻要关门，是防止那鬼回来。他口里念叨的是："你把饭吃了去吧！不要再在这里作乱了！"把饭倒在地上是给那鬼吃的。他说人病了要吐时，就是有鬼，不吐没鬼。瑶人每家都有个道师，道师是男性，是世传的，他们可以赶鬼请鬼，所请的鬼是祖先，就是喊祖先来吃饭。所赶的鬼，是捣乱的鬼，家里若没有道师，便去请别家一个来，只要给他吃一餐酒，便算酬报了。

瑶山这几天也冷了，我们房里也生了火，方法还是支三块石头，拿些树枝点着。屋里没有窗，门开着嫌冷，猪鸡也都进来，关上门又嫌黑，结果是在门后生火，开一扇门，我们躲在关着的这扇门后向中，这样可以得暖兼得光。生火不是件容易的事，柴又太潮，所以不得不住地吹，一口气吹不着，便把烟喷到喉咙里了，一边眼里流着泪，一边按着胸口咳嗽，有时弄得心火上去多高，但是所生的火还是不肯着。一等火生着了，可就不舍得叫它灭了，一锅一锅的热水煮，一件一件的好东西洗，盆里罐里到处装的都是宝贝的开水。

瑶人的好奇心也很强，我们想研究他们，同时他们也想研究我们。那天我在正屋喊“孝通”，孝通在外面答应，于是惹动了这位蓝夫人的好奇心，她问济君我叫丈夫什么，济君讲给她听了。第二次我又进正屋时，她自己还在那里低着头，一边绣花，一边小声学我喊“号筒号筒”。

蓝夫人是一个很和蔼，很好说话的人，只可惜她不会讲官话，我又不会讲瑶话，所以她见了我，总是拉拉我，拍拍我，笑嘻嘻的不说话。昨天孝通又到别处去了，这次要去10天，因为济君会讲官话，同时和我又像很熟的朋友一般坦白肯讲，这种机会难得，所以留我在这里，10天内，把花蓝瑶的社会组织弄清楚。蓝夫人每次在孝通离去的第一个晚上，临睡时都要来看看我，她虽然不讲话（有时也和我讲瑶话，我和她讲官话，谁也不懂谁），但是站在我面前，向我笑笑，摸摸我，过一会儿便走了，去时还要把门给我关好。我明白她是来看看我平安不平安，闷不闷。

瑶人的贞操观念我还没有弄清楚，不过据我现在看，他们是没有贞操观念。我曾问过济君，他们娶来新妇要不要注意她是否处女，他答我说："她和别人发生过性关系，我怎么能认出？"这一点可以证明他们不注意女人贞操的。过了一会儿，济君又对我说："我在南宁时，看见有百十来个男学生，与50来个女学生在一个学校读书，到夜里男生大概都找女生去的。"我告诉他不然，他说："那么你同费先生怎么结的婚？不许男的夜里去找女的，若是两情相好，怎样表示呢?”由这一点，可以证明瑶人男女如果是自由结婚，大约是男女两相悦后，立刻发生性关系，然后告知父母，再订婚。订婚后，便可以光明正大地发生性关系了。瑶人若是偷偷的发生性关系，都是在山里，不是在家里，看见人来了便跑开，别人看见后，也不觉得大惊小怪，连女子的本夫看见妻与别人通奸时，打她一顿，她若悔罪改过，仍然安居无事。

瑶人订婚的年龄，多在10岁至13岁，这都是由父母代定的。等女子至14岁能工作时，便每月有一日或两日三日到男家工作去，夜里间与未婚夫同床，未婚夫也可到女家去找未婚妻睡眠，因为他们年龄太小，很少有受孕的，等到十五六岁能受孕时便结婚了。瑶人结婚是很简单的，我想是因为婚前与婚后没有分别的缘故。但生第一子时，仪式却非常隆重，原因是婚后未生子时，夫妻关系与婚前一样的不稳固，一方要离婚时，只要给对方少许钱就行，并不受舆论制裁。等生子后，离婚就不容易了，虽然她所生的子，并不一定是丈夫的。

瑶人舅权很大，在亲属中地位最高。在生子满月后请酒时，舅父要演说，抱小孩出来给客人看的是舅母，替小孩起名的也是舅父。临去时，主人送舅父的肉最多，其他客人，平均每家4斤，舅父独得20斤。媳妇生子后死了，别家都送白布，只有她的弟兄送黑布。据说桂北三江县、古北县舅父的地位更高，舅父之子要娶姑母之女时，姑母不得拒绝，因为这是特定的婚姻。处女出嫁时，所得的聘金，不归父亲而归舅父，大藤瑶山却没有这种风俗。

11月13日于六巷

大橙之行

11月1日，由六巷赴大橙。大橙在六巷之东南，相去不过20里，但是一在山之阳，一在山之阴，往来须翻过一个高岭，这岭的高处超过2000米，绕道盘旋，至少有40多里崎岖的山路。这条路在瑶山中，是有名难行的，瑶人也不轻易往来，汉人到这地方的更少。同惠身体又不很舒服，所以单由我和张科员两人前往，由六巷瑶人阿勇挑行李向导。

阿勇是个很有趣的人。那天早上，他帮六巷的汉商杀猪，汉商请他喝酒，已喝得有七分醉意，一摇一摆的前进，使我想到鲁智深醉上山门时的情景。蒙古人醉了尚能骑马，瑶人醉了还是能在山路上飞一般的跑。

瑶人的男子没有不能喝三杯的，而阿勇又是爱酒似命。喝酒喝得老婆都跟了人，他现在是个单身汉。他的父亲自从他母亲死了，就到古浦去做“姑爷”，入赘是不能带田地去的，所以他就成了一家之主。他的老婆不喜欢他这一副豪气。另找了情人。男女找情人在瑶山本来是件普通的事。据阿勇自述，到现在不到30岁，已经有50个情人了。可是他自以为有个老婆不觉得有什么用处，因为他田都租给板瑶种了，每年可以拿1000斤谷子，不用费力；他又有很多的树木，每年出卖给汉人1000株，可以坐收120块钱，所以他很想在老婆身上敲一记竹杠。按瑶人的“石牌”法律，是不许通奸的，谁犯了要罚钱。可是有一个条件，就是须在通奸的时候，当场捉住，才能有效。因之阿勇就等他老婆和情人幽会的时候，请了朋友，四面上山去，把他老婆和情人捉住。这样他得到了120块钱，可畅畅快快地喝一年酒了。

我们一面走，一面和阿勇讲他恋爱的故事，不觉已爬过了几重山。到一个地方，后面正背着岭端两面有高山翼蔽，正对着对面的高山，而且有一条河蜿蜒而下。阿勇把担停下来，问我们这地方风水好不好，张科员就青龙白虎的说了一大堆，说是若把他父亲葬在这里，不发财就找他去。阿勇真的动了心，可是他说下面有人葬怎么办。我问他："这地是谁家的，你怎么能胡乱葬人呢?"他说谁都葬得。原来瑶人为了尊重死人，什么地方都可以葬，但是不能和人家的坟太近，也不能葬在人家的葬的上峰。

再往前走，山势愈来愈险，上山时还可勉力支持，下山时真是有如上天之难了。下山路是在山阴，古木参天，细竹遍地，这路终年不见太阳，阴湿湿的石块上都长着有1寸多长的青苔，不要说脚留不住，就是竹杖支下去，也是滑得树不牢。一百个小心，不见什么功，一个不小心，立刻见效，再加上已经走了三个钟头的路，两腿早已不能运用自如。于是前跌后滑，张科员在后面同我数，数到50次也数累了。我心里想，上妙峰山还愿，一步一拜也不过这个滋味，但是还愿是先收后付，我此来不知能得到多少材料，却又要先付后收，真是一件投机太大的生意了。

跌到后来，头部跌昏了嘴里不住说："幸亏王先生没有同来，到这样真是回去又不是，向前又不肯，只有死在山凹里了。"好容易过了这高岭，路也渐平坦了。两山夹着一道河，沿着路滚滚不绝地流着，路两旁茂林修竹，真是个世外桃源，加以石山峥嵘，群峰耸立，景色之美，平生初见。

在河边我们看见许多将下水的木排。瑶山向外输出的主要商品，就是木材。大都是包给汉人去采伐，每株值1毛2分。亦有瑶人自己砍下运到河边由汉人下水运出的，所得到的钱是瑶汉平分。但是一个木排有二三十根木头，瑶人所得不过四五块钱罢了。

我们到大橙村已经三点半了，从九点半出发，路上刚费了6个钟头。入村时，全村静静的不见一人，只听得雄鸡不住的啼声，村景亦萧条得很。路边有一座已塌的废屋，张科员同我说，前30年这里还有几十家人，现在只剩20多家了。瑶人人口的衰落，可见一斑了。

村人因为都出去“剪禾”未归，我们只能在一家汉人的房屋里休息。这家汉人是由中平搬来，还只有两年。他们一面做些汉瑶的买卖，一面租瑶人的地开荒。家里有一个女人没有出门，就招待我们。这时我走得满身是汗，一停被风吹了，不住的打战，后来向主人讨了火，烤了一回，才舒服了一些。火真是初民的命根，所以每一个瑶人身上都带着一匣洋火，每家都有一个生火的地方，若是人可以离了火生活，也许就可以没有家庭了。

我们自己煮了饭，买了斤半酒，三人大喝起来，虽是吃着一些淡淡的肉，已是视作珍品了。天黑了，我靠在被袋上，席地躺着向火，那家的主人回来了就和我们闲谈。他说起瑶山租地的制度，汉人进山来都是来垦荒地。三年之内不用出租，过了三年每年要给地主1/5的收获。大橙已有两家汉人，汉人入山的数目逐渐增加，王桑、门头、六巷都有，都是做买卖和做佃户的。瑶人节制人口，所以人口愈来愈少，而汉人人口增加，几十年后，瑶山将另有一种局面了。现在汉人人数尚少，瑶人相待亦甚公平，有事全村开会时，汉人亦参加，至今就没有冲突的事发生。

到7点钟左右，村长从田里回来了，我们才上他家里去。房子的建筑，和六巷所见的相似，没有正屋前的走廊和露台。大门就开在正屋，大门外就是空地。灶头安在右边的一间小户里，所以正屋里比较干净得多，左边有一间小户，我们就睡在正屋里。

在瑶山里，秋尽冬初的时节，是田忙的当儿。全家连可以工作的孩子们，都整天在田里收谷。早上还有些黑就出门，晚上也要等夕阳下山了才挑了谷子回家。他们有工作，我们就不能工作。在六巷我已试过晚上量人，用电筒照着，没有什么困难，所以在大橙我们也只好晚上工作了。

大橙的村长，年纪不过30多岁，为人很和善，他是“上门”的。他的妻长得也很体面，而且很能干，在瑶山中是有名的。村长的哥哥是“石牌头”，所以在村里号召力很大。到了晚上，村长把全村人都召来了，男女小孩聚了一堂，男人们就围着火抽烟谈笑，我们向他们说，有药给他们，同时还要量他们的身体，下次会多带药来。成年的男子，一个个都很情愿的被量了，但是总数不过15个人。数目虽小，但是在瑶山中工作以来，这天的收获要算最大的了。代价也最大，平均每个人是栽跌四五次交换来的，还不算太贵罢！

第三天早上，我们就出发回六巷了。村长的妻，还有一个老祖母在家，她已经有70多岁，龙钟匍匐，初看真不顺眼，但是为人却极好，总是张着没有牙齿的嘴，向着我笑，说着瑶话要和我攀谈。那天早上看见我们装束行李，就走过来拉着我的手说：“住一天去，住一天去。”我也紧紧地握着她的手，同她说：“明年再来，明年再来。”短短的几句话，竟使我发生了依依不舍的离情来。自来瑶人，我们总以为是“无可奈何的讨厌人”。听说我们要去了，总是很高兴。真心要留我们的，还是以这位老太太为初次。

村长的妻，和一个十七八岁的女儿，都穿了绣红花边的漂亮衣服，戴了银项圈，打扮得的确很美。村长挑了我们的行李，大家送出村门。人情依依，令人难舍。

11月21日于古陈

古浦的一夜

11月8日晨，由六巷出发，预算有一星期的行程，从古浦到对山的板瑶的冷冲和中苗，希望这一次的旅行回来，可以结束花蓝瑶和板瑶的测量了，并且还希望顺便到盆架去量山子。同惠还是留在六巷，因为她和济君感情很好，言语又通，乘这一星期可以结束花蓝瑶社会组织的调查。

出发之前，同惠替我把行李都收拾好了，到12时就和张科员及阿勇二人一同起身。从六巷到古浦是我们从门头来六巷的熟路，路亦平坦，虽是小病之后，并不觉得十分累。沿路我们去拜访蓝乡长的家墓。一排有七八个，正中一个是乡长的祖父。坟中放着一个储骨坛，用一块石板挡着，正面露着一些缝，这是瑶人的规矩，不准完全挡没的。所以我们在外面可以看见里面的坛。坟上堆土成馒头形，后面是靠山，馒头顶上树着一个已枯的树枝，树枝上还飘着白纸，这还是清明上坟时留下的遗迹。瑶人一家人并不一定要葬在一起的。乡长的墓是例外，普通都是分散的。每到清明节，子孙就分到各祖墓上去上祭，用鸡用酒，也要烧香烧纸。从前留下的古墓，一族人就得每家派一个代表去公祭。

一路我们谈谈话，同惠虽没有来，倒也不感寂寞。张科员同我说病中驱鬼的手续还没有完。他说依瑶人的规矩，病好了便得应约备三牲谢鬼，若是病好了不谢，鬼要和“中人”道师算账。这样说来瑶人的鬼比满洲人的鬼凶多了，满洲人病急了就乱许愿，病好了就不提，史禄国先生曾问他们怎么忘了回愿，他们说骗骗他就得了。

在六巷、门头、古浦三路的交叉处，有一个空场，大树阴下有一圈石头，是行人憩息之地，亦是开“石牌”会议之所。我们坐在那里休息，阿勇抽着烟和我们胡诌，他忽站着指着一块石头说：“来，我指给你看。”他数着石头边上的齿形说：“1，2……11，这是11个老人家，他们说定，谁要离婚，就得罚和这石头一般重的银子。”几天来，我们在六巷已明白了瑶人的“石牌”组织，但是总没有机会一见石牌的真相。据他们说，瑶人中有事就得开石牌头会议，议定了事，就叫汉人把这议决案刻上石牌，谁犯了石牌就由石牌头处罚。以前他们没有刻字的，就由到会的老人家在石上每人打一齿印，看见了这石头就记起了这法律。阿勇指给我看的，就是一块议决关于离婚事件的石牌。

到古浦时，有3点钟，村长出门剪禾未归，我们就在他家里烤火。天气很冷，使我疑心病又上身。

天黑了，村长才回来，领我们上他女婿家去住宿。

女婿是甲长，房子新造，很大，但是墙上没有熏黑，而且家具很少，杂物上没有积着厚厚的尘土，令人感到还没有“成家”一般。

到他家的时候，围着火已有七八个人在那里，中间有两个汉人。一个是自称为“瑶山中没人不知道\文理最通的人”，很骄傲的烤着火问我“先生高姓，大名”。我很客气的一一回答他。第三句他问我“你有什么成绩?”我不很懂他的意思，一时无法回答，张科员在旁却看不过他的神气，代表我说:“他是博士。”他表示很老练的问:“是全国博士呢？是广西博士?”张科员更气了，就教训了他一顿。后来我们说是省政府派来的，他就说:“你们看见过省长么?”这一种汉人，是现在实际上担负着沟通汉瑶文化的人，瑶人都信任他们，他们却就在这里寄生，他们不欢迎新式的学校，因为他们用瑶人的钱来做“老师”的。张科员又说起许多汉人捣乱瑶汉关系的事，这种人才真是阻挡着政府开化政策的势力。

晚上我们是住在甲长家的堡楼里，堡楼的建筑有三层楼房高，有枪洞，是瑶人防匪的建筑。瑶山山势险恶，以前常有大帮土匪来作巢穴，顺便抢掠瑶人。曾有一次，瑶人联合起来和土匪作战。就在大橙的山里，打死了几十个土匪，自此瑶山很平安了。这种堡楼的设备亦不多见。

古浦是个新村，不过三四十年，人口很少，而且他们的田都离村很远，他们工作出发得极早，我们虽是赶天亮就起来，但是人都已散了，所以只量得3个人。这天上午，就离古浦向冷冲出发。

11月9日于古浦

板瑶（一）

古浦是我们调查花蓝瑶体质的最后一站。经王桑、门头、六巷、大橙，一共量53人。除一个年纪太老的人外，可用以分析的52人。我曾把这52人的体高及头形计算了一下，平均数：体高是159.29，头形指数是80.53。变异量：体高是44.73，头形指数是3.781。

11月9日晨我们就离开古浦，过一道河到对古浦和六巷的山顶，就是板瑶区域的冷冲，地属桂平县界。

板瑶在瑶山中是被称为“弱小民族”的，因为他们入山的时期较长毛为迟，所有的地已经都被长毛占据了，所以他们只能以佃户资格租长毛的地来耕，长毛是瑶山的地主，包括花蓝、坳瑶和茶山三种。凡是有水道可以灌溉的地方，长毛都开了水田，由自己耕种，余下租给板瑶的是旱的山地，种着稻和其他杂粮。旱地的土薄，所以种了五六年就不能再种了。有的地方就种树，有的地方就荒着，每年放火烧一次，要等10多年才能恢复地力，因之板瑶不能在一地方作永长之计，五六年就搬一次家。而且旱地收成少，一家所占的地要大，不能聚居成较大的村落。板瑶的房屋都两三家四五家分散在山谷里，这一种村落的组织在自卫上很少力量，受人家进攻时，是很难抵抗的。

房子的建筑因为要便于搬场，所以不能和花蓝瑶一样用泥土打墙，用瓦盖顶，他们整个屋子都是用竹竿构成，屋顶是用粗竹破成两片凹凸相错，苫成一片。墙亦用竹编成，光线比土房亮得多。新造的很玲珑可爱，一如黄岗竹楼所记的景象。

我们所到的冷冲，一共只有三家。我们住在甲长家里。初入竹屋，颇感异趣。房屋内部都编竹作壁，卧室和起居工作的地方分开，对门有一个橱，是供奉祖先的地方。板瑶是穷得厉害，连青菜都没有，酒是不用说了。我们到时，家长又不在，只能饿着等。后来来了一个汉人，寄宿在甲长的邻屋，卖了一只鸡给我们，才能饱餐一顿。

这位汉人因为黄黔瑶汉争地的纠纷，寄居到这里来，见了我们就不住的申诉这一件事。起初他还以为我们是省政府派来解决这一件事的。我因为关心着瑶人的土地制度，和各族间的关系，所以就请他把这件事始末讲给我听。

黄黔是离冷冲大约有20多里的一个村子。在60代前是由坳瑶所居。但是水田极少，土地又不肥美，所以找到了古陈的地方之后，他们就合村都搬走了。余下的田地，都租给板瑶和汉人耕种。每年每个壮丁，从15岁起到60岁，要给古陈的坳瑶8毫钱，是一个人头税。

此外还要给谷子作租金。在黄黔地方坳瑶曾造了几个庙，人虽搬走了，庙却留下要板瑶和汉人给他们供奉，因之划出 1/3 的田不用出租。这一种土地制度一直维持到现在。在平南县有一个张姓的汉人慢慢地从板瑶和汉人手中把这 1/3 的地买来了。借口说黄黔的地都是他的，逼着旧有的板瑶和汉人离开黄黔。古陈的坳瑶觉得事出离奇，因为瑶人有传下的石牌法律不准卖田，更不准让土地权流出到汉人的手中的，平南的汉人怎么能说黄黔的地是他的呢？同时引起了花蓝瑶和茶山瑶的同情，在金秀开了个石牌会议，甚至要用武力来争回黄黔的地方。当时省政府也派人来解决这纠纷，至今还没有个结果。可是黄黔一村却因之解散了。板瑶和汉人不能不到别处去流亡。我们所见的汉人就是流亡出来的一个。他眷恋着旧有的土地，还是梦想着能重在黄黔造一个村落。

在瑶山里当长毛佃户的板瑶，对于生活是没有保障的，因为长毛随时可以收回土地，不给他们种。六巷的韦校长曾同我们讲两件板瑶受压迫的事情。有一个长毛瑶到板瑶家里去收租，板瑶不在家，那天刚是该他倒霉，在外面丢了40多块钱。一到家，长毛瑶就冲着他说：“你好。”板瑶刚想找一个人申诉一下他丢钱的事，就回答说：“有什么好?”话还没有完，长毛瑶就伸手把他打了一个嘴巴。“贱东西，问你好还不是么?”板瑶立刻赔罪，罚了两只鸡才算完事。还有一家是长毛瑶乘板瑶不在家，去强奸板瑶的女子。板瑶回来了要想和他论理，他反说板瑶欠租，要收回田地。于是又得罚鸡认输。

租金也很高，1000斤谷子的收入要给6块到4块钱的租，1000斤谷值30元左右，所以租金抵收入的1/5。给钱给谷子之外，板瑶可以以人工来代租，每天一工算两毫钱，1000斤谷子就得二三十工。

在社会地位上板瑶亦是被长毛瑶所看不起的。阿勇就满口“贱板瑶，贱板瑶”的，背地里称“他们是过山瑶，没有地的”。所以长毛瑶可以娶板瑶的女人，却绝不许长毛的女人嫁给板瑶的，“因为他们没有地”。“因为他们没有地”是长毛用以解释许多他们和板瑶不同的习俗。板瑶生多少儿女就养多少儿女，不行人口节制的。长毛瑶向我们说：“这是因为他们没有地。”

我曾发生了一个疑问，板瑶和长毛为什么不争土地权呢？他们给我的回答是板瑶的村落太少，不能抵抗有组织的长毛。长毛是土屋，板瑶的竹屋怎么能交战呢？长毛瑶的口吻是：“板瑶？不怕的。”在武力及社会经济上，无一处长毛不比板瑶强。但是板瑶并不是永久甘于雌伏的，他们的希望，就是有一天汉人能替他们抱不平。这种心理之下，他们极力汉化，在满清时，他们都留辫子，到了民国，剪发的人也比留发的人多了。

在冷冲的一天，我们没有工作，第二天就上中庙了。中庙是桂平瑶区归化乡的主村，人口较多，大约有十几家。所属四村合起来，也有五六十户。从冷冲到中庙要经过黄黔，我很想看看一个荒废了的村子的情景。到那里，简直看不出曾有人烟的地方，除了一家没有拆去的房屋，和一些倾斜的柱子外，都是荒草。剩下的一家是汉人，虽没有搬，可是萧条的景象，走进门，真觉得鬼气森森——只有半年，竟成这一片荒地！

就在黄黔的汉人家里，我们遇见中庙四民基础学校的蒙校长。他在前引路，我们一同来到中庙。

11月24日于古陈

板瑶（二）

板瑶和长毛瑶在瑶山中所处社会和经济地位不同，对于汉化的态度因之亦异。长毛所希望的是现状的维持，设法能保持他在瑶山中的特殊地位。他们除了盐之外，本来是可以自足。对于汉人总是取着“敬而远之”的态度。板瑶则希望他们有一天能自己有田，能在瑶山中和长毛平等，但是他们自知在既有的状态中是无法去和长毛争雄的，于是他们倾向于汉化。

因为这种态度的不同，政府在瑶山中所设的学校，在板瑶中较为发达得多。以中庙的学校为例，儿童班和成人班一共有六七十人，而且应板瑶的要求在上庙立了一个分校，明年在冷冲又要设分校。板瑶要孩子们念书，念明白了可以和长毛争地。这一点在民族学的理论上看来是很重要的。板瑶在社会经济上受同族的压迫，所以容易接受异族的文化。在文化上胜过了长毛时，社会经济的地位自然会发生改变。长毛对于板瑶的汉化热很存戒心，他们明白自己不是汉人的对手，和汉人发生冲突是不利的。以前长毛瑶还自夸山路峻恶，只要几块大石头就可阻住汉人入山了。现在每天有飞机飞过瑶山，峻恶的山路也是不中用了。张科员有时吓他们："哼，飞机来下一个蛋，你们一村就完了。"

在这种形势之下，最后的结果自然是长毛也极力汉化，但是目前，还很少长毛瑶看到这一点。他们用威吓手段，不许板瑶上学校。蒙校长就为我讲门头用武力解散瓦厂学校的事。在金秀开石牌会议时，他们就说板瑶上了学，我们就要没有地了，所以不准板瑶上学。长毛愈是这样压迫，板瑶愈觉得上学的希望可靠。

现在时期没有到，但是不久总有一天板瑶和长毛为了土地制度要发生一个正面的冲突。黄黔争地一案是件小事，到板瑶和长毛争地时，世外桃源的瑶山，恐怕不能安全了。

蒙校长在中庙四村已成了一个重要的领袖。他是一个具有热心的青年，同情于板瑶的处境，已屡次上文要政府规定一个瑶山中公平的土地制度。板瑶对他也极敬服，凡是蒙校长说的都得照办，这是“开化政策”最能实现的地方。可是在六巷就不然，学校有名无实，只有几个学生，还是整天不上课。这也不能十分怪校长的不负责任。在长毛中间，办学校本来是不受当地人民的欢迎的。在六巷我们几次传讯给村长，要他来会一面，他总是置之不答。后来在夜里我们去找他，他装着话不懂，和我们支吾，我们一点办法都没有。幸亏乡长的儿子，和我们去召集了一些人，测量了一下，总数不过十几个人。

在中庙所遇到的情形却不同了，我们到的第二天，蒙校长就叫人去传话给板瑶，凡是成年的男女都要来。一团团的围着我们已有20多人，我很起劲的把他们都量了，第三天早上，又来了十几个，一共量了36个，真是超过了我希望之外。

蒙校长搜集了许多关于板瑶历史的传说。据他说，板瑶是从青州到河南，经过五代，到宋朝才到广西，这是根据他们的“过山榜”的记载而说明的。过山榜上说是“皇照景定元年十二月二十一”给的。内中叙述板瑶的祖先是一只狗，名叫盘护。这时蛮人造反，有人说是在高辛氏时代，皇帝没有办法，下了一个命令，谁能得到蛮头的头的，就把公主嫁给他。盘护就设法把蛮头的头咬了下来，就给皇帝。皇帝一看是只狗，但是命令已出，不能翻悔，就把一个宫女给它。盘护在殿上咬住了宫女不放，这样就成婚了。一共生了六男六女。后来由皇帝赐姓封号，过山榜就是他们南迁的护照。上面说是由会稽山来的，会稽山不知是不是现在在浙江的那个。板瑶的社会组织，因为时间太短，所以没有详细调查。但是我抽空把他们的亲属称谓记了下来，发现了一个极有趣的事实。比祖父，父亲，自身年龄小的，不论辈分，男性亲属都称Ju，女性亲属都称Mo，这里遗留着一种很清楚的纵分法。

12日我们离开中庙，蒙校长和我们一同到冷冲附近的新村，补充板瑶测量材料。板瑶是不行人口节制的，这一村全是村长的自家人。他有三个儿子都已成家，两个女儿招了女婿也成家了。入赘在板瑶中是极普通的。据他们说是出于经济的原因。板瑶要娶一个媳妇要费1000斤猪肉，还要给女家24块钱，所以家里不是富有的就娶不起媳妇，儿子得嫁出去做姑爷了。入赘的手续简单，不用多费钱。当然，我们可以说这种经济情形还是起于以前是母方社会组织的原因。因为普通都是由男的上门，所以凡是要学汉人娶媳妇就得多费钱了。

在新村，我们又量了十几个人，加上在六巷和门头所量得的板瑶一共有48人。关于他们的头形和体高的结果是：

	平均数	变异量
体高	156.78	52.16
头形	78.62	3.106

板瑶和花蓝瑶有很重要的差别，平均体高差2.51，头形差1.91。在板瑶多体低长头分子，这是很值得注意的。若是板瑶是早期的海滨移民，则在古代东亚就有这种低体（约153）长头（77）的人种了。

11月25日于古陈

山子村岔架

板瑶在瑶山中已经算苦的了，但是和山子比，板瑶还要算不差的哩。我们没有到岔架之前，阿勇就说“我们得带些盐，山子是吃不起盐的”。这话未免太苛刻一些，但是在普通时候，山子常常淡食是真的。

板瑶虽不是地主，但是人口多，占地广，而且自成一个区域，所以才可以成一个独立的民族团体。山子人口少杂处在花蓝瑶的地界里，而且很多是连地都没有，做花蓝瑶的散工。贫苦无助的情景，自然更甚于板瑶了。

盆架是在象县及桂平瑶区中最大的山子村，处于古浦和门头之间，属于门头的瑶头管辖。我们预先给门头的瑶头通讯，叫他替我们预备一个住宿的地方，但是瑶中传信是极困难的，我们到盆架时，信已不知传到哪里去了。幸亏在路上遇到盆架的村长，才不致受闭门羹。

从六巷出发以来，已经有六天，除了在中庙住了一天之外，天天在路上，而且都是一到就量人，次日早上再工作一会儿才动身，所以身体觉得异常疲乏。还是幸亏老天保佑，没有下雨，否则非病倒不成。进盆架时，天乌黑黑，大有雨意，瑶山中有六天连着晴爽是极不易遇见的。所以我们说，好了，下雨罢，雨尽大，明天我们总可以到六巷了。六巷好像是我们的家。

山子在盆架住的房屋，亦是土屋，设备和花蓝瑶相同。除了言语和服装上，山子已经被花蓝瑶同化了。在他们的工具及工作上，辨不出有山子的特性。这是一个正在消灭程度上的种族。

村长正在发冷，我们就给他药吃，冷居然住了。因之，他很感激我们。当晚来了四五个人，我就把他们测量了。我因为太累了，吃了饭就想睡，可是总是睡不着。蚊虫臭虫，闹得我真发急了。于是又起来烤火。山子并不行人口节制，可是人口依然稀少。可惜我们没有统计的材料，否则可以得到一个极有意思的民族学事实。这次从板瑶到山子，虽则短短的只有一星期工夫，但是已使我感觉到瑶山真是一个民族学研究最适宜的地方。可惜我们时间太短，不能在板瑶和山子中多住些日子。加上我们不会粤语，在这区域中不便工作，我们只能割爱了。

第二天早晨，一早我就起来，张科员因为身体不舒服，不能起身，只有我和阿勇两个人到一个冲要的露台上，等人走过就拉他们来量。这样我凑足了10个人。

真是宝贵的材料，如此难得。量到第十个人，天下雨了。不能不停止工作。回到村长家里，张科员已勉强起床，于是吃了早饭，在微雨中还六巷了。

11月25日于古陈

六巷（二）[①]

孝通临行时，曾让我十来天内，把花蓝瑶社会组织没有明白的地方，都调查清楚了，等他回来后，我们便要结束花蓝瑶，到板瑶区域的古陈去了，所以我急着要找济君谈话。但是济君白天总是去剪禾或放羊，常不在家，我只能等到约莫有5点多钟，他回来后，才能和他一同烤火谈话。我一边织着毛衣，一边谈话，一连两个晚上，得到的材料真不少，很使我满意。第三天他回来得很晚，我怕他疲乏，不愿意谈话，所以没有去找他。我总是怕讨他的厌，使他把和我的谈话视作畏途，每次

①本文系作者前妻王同惠执笔。

在谈话时，我常是很仔细地看他的脸色，看到有不愿回答或答不出的地方，我便扯到别的事上去，看见他打一个哈欠时，我立刻告辞出来。和他谈话，有时很困难，他的答语，时常是自相冲突的，所以我得远远兜他，一件事总得反复三四遍才觉得可靠。他不高兴或不懂我的问题，便“是呀，是呀”的胡乱回答我。他说以前有几个人到六巷去调查，当面拿着笔记本记录，一问一答的办法，我觉得很危险的。谁愿意考书一般的被人查问呢？

这一天我没有去同他谈话，心里不很痛快，好像一天空过了一般，我决定次日无论他回来多晚，我总得去找他谈话，所以老早我就煮了一碗菜，想等他回来时送他，乘便可以造一个谈话的机会。我自己吃了晚饭，便在正屋门口等他。心里盼望得很急，但是一直到天黑，还不见他的影子。后来打听他的儿子，才知道他们两夫妇到盆架收禾去了。因为路远，所以晚上就住在田里搭的茅屋里过夜，不回家了。我很失望的回房睡了。

第五天，一直到漆黑时候，他们俩才带了雇来的一个板瑶一同回家了。一进门，见了我就很亲热的说："王先生闷了吧？我们昨天实在不能回来了。"我接着说："我闷得很呀！你辛苦了吧？"就这样说着话，他便坐下来洗脚。瑶人每天一从田里回来，便要洗脚，每家都有两三个木盆，是由汉人做了卖给他们的。每人晚上回来都要洗脚，方法是在家里煮饭的那个人，要烧一锅水等着，他们回来了自己拿木盆打了一盆水，泡在水里一块白布手巾，先洗脸，再洗脚洗腿。洗完了，他们时常穿鞋子。布鞋、草鞋和日本式的小木屐都有。可是他们自己不会做鞋，都是向汉人买的。当济君洗脚时，我拿了一块洗衣服的肥皂给他用，接着又把昨天留下的那碗菜给他放在桌子上，他高兴极了。人性是相同的，谁都喜欢亲热的。他一边吃着饭，我一边和他闲谈。我是先预备了要问他的题目，可是一定先要用一刻多钟没目的的胡聊，讲得起劲了，就慢慢地引到题目上去：“我总不明白，你们——”他就和我解释了，讲完了，我便接着“哦，原来如此，我们却和你们不同了，我们是——”人大都是有好奇心的，大家愿意知道一些和自己不同的风俗。这样大家觉得谈话一点也不呆板，一点也不讨厌，津津有味的一问一答，时光不觉得很快就过去了。我怕他累，所以就想告辞出来，可是他还没有尽兴，不让我走。

这一晚谈的是瑶人跳舞的事。花蓝瑶有三个时节要跳舞，第一个是“度斋”。度斋是瑶人的成丁礼，一个男子要成一个社会分子必须行这个礼节，大都是在15岁时候举行，度了斋才娶媳妇。入赘的男子，在岳父家行这个礼，所以是在婚后。度斋的作用，据他们说是在传道师，道师是一家的宗教领袖，可以赶鬼请鬼，可以和祖先往来。其实就是有当家长的资格了。凡是没有度过斋的男子，就要被社会所轻视，凡是重要的社会活动，如跳舞、祭祖、上庙等等，他都不能参加，甚至不能和度过斋的人同桌吃饭，他不是一个完全的社会分子。

度斋的手续是由家长出面替儿子或上门的姑爷筹备这礼节。他们要做一套道师的衣服，做一套新的被褥，搭一个两层高的床，有6尺多高。被度的人，就梳上成人的髻，忌食酒肉和盐。他只吃白饭，每天请人来家里教他跳舞，自己父亲是不教的。不跳舞时就躺在高床。再教他种种赶鬼请神的手续。凡是在16岁以下的度6天，满16岁的就得度9天。16岁以前认为较纯洁，16岁以后便不纯洁，因为他们懂得近女人了。妻已怀了孕之后，便不准再度了。

度到最后一天，这家就要请全村男女老少和别村的亲戚来吃酒，度斋的要表演跳舞。到夜里，他就躺在床上休息，凡是度过斋的男子们都可以进来跳舞，再要两个生有两个男孩的女人直直的坐在地上，其余女人都不得进屋，只能在门外瞧。到半夜里这家要预备酒肉饷客，度一个斋，总得到五六百斤猪肉才够。

两村间青年男女发生恋爱的机会就在这时。一辈多情的青年，并不到房里去跳舞，到门外去陪女人们说笑。他们起初是眉目传情，继而男与男排起来，女与女排起来，分成两行，男的先唱："你们贵客到我们这里来，我们没有什么东西给你们吃，招待你们真不周到——"女的接着唱："你们这里好，地方好，风俗好，男女都好，又给我们预备酒肉，我们没有什么东西送给你们——"这样一说一答的唱，唱到半夜时，他们就提到婚姻的事了。男的唱："我家院里有一棵树，我想替它找一个对，我看你们的那棵树很好，给我们配一对，多好！"女的便唱："你们的院子太好了，我们那棵树不好，哪里配得上。"唱到情深处，他们就交换礼物，男的多半送给女的一只手镯，女的送给男的一条腰带或头巾。假设两情好得分不开时，就可避开众人，爬到山上去发生性的关系。济君指着房后的那个高峰，说：“那上面都有人爬过。”

这种恋爱的机会，并不只是给未婚的男女，已婚男女也可享受。未婚的换过东西后，男家请一个媒人到女家去提亲，已婚的男女则可以常常到山里去幽会。在正妻之外男女去找个情人，是瑶山默认的社会制度，只要能和公开的家庭制度没有冲突时，可以并行不悖。有冲突的时候，这默认的制度就被视为非法的。

第二个跳舞的机会是游行。每三年他们要从庙里把甘王抬出来游行，每家抬一天。早晨把甘王抬到第一家，晚上要跳夜舞，情形和度斋相同。次日又抬到第二家，又跳一夜舞。譬如六巷有37家，就得跳37夜舞。抬甘王出来时，要游行全村，男的都穿道师的衣服，甘王由8个人抬，前面有一个带神兵的领着，后面妇女儿童跟着瞧热闹。这个带神兵的不是由大家公选的，乃是由甘王自己指定。每当甘王要出来游行时，村里总有一个人害着精神反常的病，往高山顶上乱爬，在家里就爬到桌上，还要胡乱打人。他们一见有这种人，就要请一个汉人的大师来看，若是就是甘王指定他带神兵，他在游行的时候便作带领，别的道师们听他指导，夜里疲乏时都回家去睡，只有他要陪着甘王不回家的。

关于甘王有一个传说：甘王幼时很懒惰，不肯在田里工作，家里人气死了，要打他。他出去看牛，牛看跑了，家里人又骂他。他可是有法术，一天他请朋友们大吃牛肉，吃完了把牛头牛尾插在泥里，自己去睡觉了。明天家里人问他要牛，他说都在门外。家里人出去一看，牛都在泥里，眼睛张着，尾巴动着，呜呜的叫，但是谁都拔不起来……后来他做官了，在皇帝那儿办事，可是他的老婆有孕了，婆婆就疑心她不贞洁，问她哪里来的孕。她说她丈夫每天晚上回来的，婆婆不信，她说可以把他穿来的鞋子作证。这天晚上她就把她丈夫的鞋藏过了一只。一早她丈夫要回去，找不着鞋，没有办法，只能叫天等一等亮，好让他用一只鞋走路。皇帝在京看看天要亮了忽而又黑，想来一定有妖人在作法，就上朝点名，这位甘王却还没有赶到，于是他就被皇帝杀了。

这一个故事，据孝通说在江苏也很流行。在南宁时，李方桂先生也替我们讲过类似的故事，说是瑶人的传说，在江苏不称甘王，而称“孟将老爷”。每三年也有一个大会，有什么灾荒就得请他出来游行。和瑶人的游行不知有什么关系。

第三个跳舞机会是每隔四五年或两三年他们要请汉人到庙里来吹打，他们要献祭跳舞。女子们不得进庙，只能在庙外看。瑶人永远不许女人进庙的，除了清明节上坟外，女子也不得祭祖。

瑶人庙里的神像一部分是由汉人处传来的，还有一部分是自己的，我曾问济君，哪一种人死了可以成神。他说凡是能变形的人，譬如他正在和你说着话，忽然变成一只老虎，忽然又变成一个女人等。请汉人的大师来看，他若说这人要成神了，那么他死后就塑一个像放在庙里。这些都是很古的事，他从来没有看过。

有一次，我和济君坐着一边烤火，一边喝茶。他看见我的壶是金色的，就问我这壶是不是金的。我说不是，金的太贵了，买不起。他说茶山瑶从前有一个女瑶头，她有一个金茶壶，放在桌子上，晚上一亮一亮的好像萤火虫，他父亲还见过。原来在宣统年间以前，瑶人和政府完全不发生关系的。在瑶山中，每村有两个瑶头，也称作石牌头，是大家公举的。宣统年间，政府派人到瑶山来把瑶人编成四团，指定四个大团总，所谓指定其实也就是把原有的瑶头加委罢了。民国二十三年又改作乡长制。名目虽然屡经改变，实际却仍然是石牌组织，所谓换汤不换药。石牌组织是有事由每村的石牌头开会，凡是石牌议决的，谁也要服从。石牌头是一村中“最明白”的人，既不世袭，又不投票选举，是自然领袖。所谓“有德者归之”就是这自然领袖产生的手续。他是一村的代表，由这些代表们议定的规则就是瑶山的法律。石牌头并不是社会中的特殊阶级，同普通人一般工作，又没有薪水，又没有税收，若是他解决了一件纠纷，两方服了就大家给他一些报酬。他的经济上并不一定比较人家为富的。蓝扶霄虽是六巷的大团总，但是他一年自己还种1000斤谷子的田，家里没有仆役，一天要走百余里的山路，和板瑶佃户们同桌吃酒，很起劲的谈话，一点没有“瑶王”的架子，有打仗时当头的须走在前面。济君曾向我说：“什么事都得当先，这才使人心服。”人家不服了，或是办事“不明白”时，无形中他就失去头目的地位，因为人家都不去找他，去找比他“明白人”来办事了。孟子所谓“天与之，人与之”的政治态度，实在并不是一种纯粹的理想，事实上，我们在瑶山中就看到了。

大团总在瑶山是最高权力，他依法可以杀人，罚款。要受死刑的有：盗禾，拐卖人口，强盗和放蛊。放蛊是一种巫术，放蛊的人瘦瘦的脸色青青的，见了人也不招呼，心很毒，即使和他没有仇的，他也会毒害的。方法是凡和他一同吃饭，或吃了他的东西的，便面黄肌瘦，吃下去的东西都变虫。六巷曾有一次小牛肚里全长虫子死了，都是因为有人放蛊。凡是有放蛊的人危害社会时，道师有方法制他。道师请神请祖，放蛊的人便躺在床上，约莫有一点钟工夫，闭着眼不动也不能说话，然后起来，把受病的人都诊出来，应当请什么神，献什么祭，他的法就解了。现在据说六巷又有一个妇人快要杀了。这种放蛊的事情，在西南很多，我们在南宁就看见报上登载两件放蛊的事。究竟放蛊是件什么东西，我们不很明白，我们相信医学家是应当加以研究，不应以迷信两字了之。

盗禾是瑶山中的大事。谷子是瑶人生命所寄的粮食，但是田地离家都很远，不能把禾剪下来就保藏在家里。所以他们一定需要一种法律的保障，有了这保障大家觉得方便了。在瑶山中，当收禾的时候，随处田间、路旁都可以看见没有人管的禾把。不是自己的，就没人去动。普通若是有东西不想带在身上，就可以搁在路旁，旁边插一个树枝，就可保险没有人动了。我们也试过，没有遗失过。“路不拾遗，夜不闭户”，并不是不可能的理想！

济君的屋是已经汉化了，正屋分成三间，用墙隔开，其他花蓝瑶都是一间大屋不分间的。一进门，右边角上烧饭，左边角上烤火，靠墙就搭着两架床。我们总怀疑怎么能容得下一家人睡。问济君，他也不愿意同我直说，总是假装不懂。后来韦校长告诉了我实话。原来是公婆睡一架，子媳睡一架。若地方宽敞有余屋的，公婆就到外面小房去睡。媳妇生孩子时，公公不能在正屋里睡，丈夫则不避。客人来了，就在向门的方桌前面搭一架床。韦校长说，他做客时真难过，他们夫妇的行动和声音一点不加避讳。床又没有帐子遮盖，真没有办法，只好装着自己已经睡着。

11月24日于古陈

六巷（三）①

瑶人中冲突的事也是常有的。在瑶头时代，当两家有冲突时，就请本村的瑶头来解决。他若解决不了时，再请大瑶头（以前是金秀的女瑶头最大，她最能干，据说80个男人解决不了的事，她能解决）；若再解决不了，便去请众石牌来，有的甚至要请50个人来。要给他们预备酒肉，每个人还要给两毫钱。这50个人中有一个最能干的当头，要给他3块钱。吃完了酒，这家就要把自己的理由陈述给他们听。每述一件事，石牌在桌上放一截禾，听完了，他们就跑到对方家里去听讲，拿

①本文系作者前妻王同惠执笔。

着这些禾截，帮助记忆。这样来回的跑了几次，如果没法解决的话，他们便回来对这家说，你们自己去打吧，我们办不了。于是两家都要请族人亲戚来保护。夜间不敢睡觉，惟恐对方来抓人。他们把门关上了，白天也不敢出去。但是另一方面自己又想去抓人。石牌的规矩是这样，所谓自己打，并不是真的交战，即使放枪也是空放，示示威罢了。不许真的向人打的。所谓打就是两方抓人，只要有一方把对方一个人抓住了，就算赢了，所争的事就胜利了。因为若是对方不认输，可以把他们的人治死，这种办法和绑票的性质很近。但是抓人也不是胡乱抓的，有一定的规定。去抓的一方不许动武器，只能用手拉；被抓的一方却可以用刀枪自卫。还有一个规定就是不许抓女人和 15 以下 60 以上的男子，只能抓壮丁。不过有时抓急了，把女人抓去也是有的。

在公布打架之后，若一方别村有亲戚，常在半夜搬去避难。一方可以防止被抓，一方又可设法抓人，勾心斗角，有时竟延长到两三年。我知道一个案子，六巷有两家打架，一家搬到门头去住，过了两年多，有一天早晨男人到田里去了，女人背着小孩在家里，房东因为不很舒服，没有出去，蒙着被在床上睡觉。六巷的仇家带了20多人，一直上门来，一见男人们都不在，就想抓女人，女人大叫一声，床上躺的房东醒来一看有人，拿起枪就开，打死了两个人，才把他们吓跑了。他们虽则也带着枪，但是不能还手，因为这是石牌的规矩。现在却不是这样了。两家冲突时，先要找村长，不能解决时去找乡长，乡长再解决不了，就去找县长，规定不许自己打架。但是最近我们又听见罗香和人家械斗，古陈也预备因黄黔的事用武。

花蓝瑶的田产分为三种，第一种是家产，凡是自己耕的都是靠河的水田。旱地都给板瑶、山子和汉人去种了。第二种是族产，为一族所公有。第三种是村产，村和族是没有水田的，都是旱地，有的租给板瑶，所得的租，分给全村或全族。济君族的公地，现在由一个汉人居住，这个汉人是在瑶山做生意的，汉人和板瑶没有地的，他们所烧的柴，都是由离村很远的地方砍来的。瑶山的地虽都有主，但是地主不到远地去砍柴，允许一辈没地的穷人，去砍柴。近村的就不能随意砍了。

花蓝瑶虽然没有买卖田地的事，却有当地的风俗。当一个人偷了东西或通奸，石牌要罚款时，他若没有钱，便要当地。但是当地必须先尽族人，族人没有人要时，才当给村人。当地不用地契，大家记住就是了。三年之后，地主可以赎回，他若赎不起，十年八年当出的也有。

他们夫妇离婚，若没有生子，或生子死了，提议的一方，要被罚24元。瑶头要抽1元到10元不等，其余分给众石牌。若是有孩子的，就要罚60元。被动的一方无论有无子女，都可敲对方的竹杠，二三十元至100元不等。若只生有一子，则归男方；两子则双方各分一个。女的再嫁时，把孩子留在母家，代为教养，无论他是男是女，大了都要替他或她找主嫁出。

新妇到门后，公婆及亲戚长辈是不给钱的。但是生了第一个孩子后，满月请酒，那天公婆要给媳妇的兄弟[illegible]块钱，因为他们养女受累了，现在她又生了孩子，该[illegible]女家一些报酬了。同样的，若是女家是招姑爷的，生[illegible]孩子，女家要给男家3块钱，小孩叫父亲的兄弟作舅[illegible]凡是当舅舅的，在外甥满月时，要给两三元或四五[illegible]这钱是媳妇的私房，其他亲戚所给孩子的钱，都归[illegible]收管。

他们的妇女十之七八都懂得堕胎的办法。她们堕胎并不很痛苦的。也有些蠢妇不懂得这个，济君的邻居就生了七八个孩子，都用凳子腿砸死的。

一个人自己若没有孩子，有的要别人一个男孩，替他娶媳妇，也有的要一个女孩，替她招姑爷。自己的儿子若死了，媳妇若没有生子，便替她招一个姑爷，年老无子，就替她要一个养子。同样的，若是招赘的，女儿死了，替姑爷再娶一个媳妇。所以瑶人的家庭，可说是一个经济的、社会的集团，并不一定是血统的集团。

瑶人对于贞操观念非常薄弱，所以生物的选择力很强。阿勇就已经有过50个情人，因为跳舞集合的机会，一个美貌健康的男子不知道可以生多少孩子。同时一个瘦弱的面貌不扬的男子，连自己的儿子都可以不是他自己生的，这是很合于优生的习俗。

花蓝瑶做菜的方法，我大略都学习了。肉食方面是猪肉和打来的鸟和鱼。猪肉把它腊起来，鸟和鱼是把它腌起来，方法是先把米炒焦，然后舂成粉，和上盐，把鸟和鱼生生地埋在里面，密封在坛子里，两个月后便可开坛吃了。每家每年能打二三百只鸟，新打来的也可以剥了毛烤熟了蘸盐水吃。青菜的做法是酸起来，先把菜剁碎，装在坛里，不加盐，用米汤或酒泡起来。密封坛口，七八天之后就可以吃了。瑶人因为很少有交易，所以他们的菜食都是大宗做好慢慢地吃的。至于炒肉炒菜普通人家是做不起的。济君的媳妇炒青菜时，我见她先用水煮，快熟时才加花生油和盐。我临走时还吃过他们一餐“八八”。第一天先把糯米弄潮，次日早晨舂成粉，用水和好，团成一个一个小球，在糖水里煮，其实和我们的元宵相同。还有一种做法，不团成球，而是团成圆饼在锅里煎，或是包在芭蕉叶里，用水煮。

11月21日我们动身到古陈去，一共住在六巷有25天。

11月25日于古陈

花蓝瑶社会组织

我们在瑶山中的工作，真使人兴奋，我们已忘却了一切生活上的困苦，夜卧土屋，日吃淡饭，但是我们有希望，有成绩。

本文发表时，费孝通的老师吴文藻先生作了序言，对费孝通、王同惠此次瑶山考察的背景作了介绍，并对他们取得的成果给予很高的评价。序言还就社会学研究的一些理论问题作了阐述。特附文后以供参考。

第一章　家庭（上）

花蓝瑶中最基本的社会组织是家庭，土语称作pia，就是房屋的意思。家庭是由一群长期同住在一起的人所组成。一家的人由生育（或收养）和婚姻而形成一个团体，同住在一所房屋里，维持共同的生活，并繁衍他们的种族。

一家人中的亲属关系，由生育（或收养）而产生的父pe母ne和子toη女pei；由婚姻而产生的是夫gine妇giwo，及翁goη姑wa和媳妇ni，或岳父z'o岳母de和女婿we——这些是家庭中的基本亲属。父母和娶妇的儿子或招婿的女儿并不分居，所以一个家庭中可以包括几代的亲属。事实上，我们曾见一家有五代的亲属同居一屋。父亲上辈的男性尊长称goη，若这种尊长有两代，则较少的称goηjoη，较长的称goηyö；女性称wo，辈分的分别同男性，称wojoη及woyö。

没有分居习俗的家庭，依我们想像，人数可以很多的了。但是花蓝瑶中却有一种限制人口数量的习俗，使一家的人数有一个相当的限度。他们限制人口的习俗就是规定每家每代只准留一对夫妇，因之每对夫妇只准留两个孩子：一个留在家里，一个嫁出去。

人口的限制并非自然的而系人工的。一对夫妇已有了两个活着的孩子之后，仍继续他们的性生活，也不用避妊的方法，所以为妻的仍有继续受孕的机会。于是他们的人口限制就不能不求之堕胎和杀婴了。花蓝瑶妇女十之八九都知道堕胎的方法，当发现初次月经停闭时，立刻吃药，所以对于妇女的健康并没有直接影响。不懂堕胎方法的妇女，他们称作“笨老婆”。这种笨老婆要受怀孕和生产的痛苦，等孩子落地后才用绳子绞死，或用凳脚砸死，或不喂奶饿死。我们知道有一个妇人曾杀死七八个婴孩。

但是有时花蓝瑶一家亦可有两个以上的孩子：譬如前两生的都是男，第三个若是女，这个孩子就可以留养。同样的，前两生的都是女，第三生若是男，这孩子亦可免于一死。若是前妻生了两个孩子，续弦可以生一个。但实际上因婴孩死亡率较高，这种有两个以上孩子的家庭是很少的。即使一家有了三个孩子，长大了亦只能留一个在家里。若是有一个孩子是男的，这男孩就留在家里娶媳妇，女的都出嫁。若都是男孩普遍都是把长子留在家里，其余的嫁出去做女婿。但是小的孩子若特别聪明能干亦可嫁大留小。若都是女孩，任意留一个在家招女婿，其余的嫁出去。因之一家即使有三个孩子，对于家庭的人数亦只能暂时增加，并不能借此绵延扩大。

这种限制人口习俗的起源已不可考，我们只得到一个传说，就是在100多年前有一家生了五个孩子，父亲死后，遗嘱把所有田地都传给长子，其余四个儿子一点都分不到手，因之怀恨在心，一天四个兄弟约好了把长兄谋杀了均分田地。长兄这时有一个儿子已经长大，立意要为父亲报仇，有一次设计成功，把他四个叔父都杀死了。这事闹大了。“石牌”开会议决从此规定每家每代只准留一对夫妇。这传说并不一定是历史事实，但是这习俗的起源并不很早，似属可信，因为花蓝瑶至今尚有宗族组织存在。宗族是由出自同一祖先的后裔组织而成，若是这种习俗起源早，宗族组织何从产生呢？还有一点可以注意的，就是这种习俗显然是对于现有瑶山处境的一种适应。瑶山水田面积有限，开田极难，人口数目当不能任其自然增加。传说中偏重土地问题不是没有理由的。就是至今当我们询问他们为什么不多留几个孩子时，他们总是回答说：“瑶山田狭，养不起多人。”

这种习俗，不论它起源的迟早和发生的原因，目前已成了一种对于社会组织极有基本影响的习俗了，所以我们在叙述他们的社会组织时不能不优先提出。

家庭组织既以夫妇为基础，夫妇的结合自然是家庭组织的关键。婚姻是结合男女为夫妇的过程，同时亦借此种过程一家收认了一个新的分子。但是问题是在谁和谁能结合为夫妇。关于择偶的范围，花蓝瑶有严格习俗规定：

一、凡属同一宗族的男女不准通婚。

二、凡是有姻亲关系的亲属四代之内不准通婚。

最适宜于结婚的是同一族团而没有亲属关系的男女。但是花蓝瑶人口数目甚小，性分配不易平均，男多于女的现象时常发生，所以娶外族女子做妻的并不禁止。女子嫁给外族的虽亦不禁止，但事实上因言语，文化的乖隔，为数极少，在六巷一村我们知道只有两家把女孩嫁给邻族的古陈坳瑶。坳瑶和花蓝瑶还是同属于瑶山的地主阶级，地理上又近。至于和较远的邻族及隶属佃户阶级的过山瑶间的通婚事实是看不到的。

男女两造的年龄也时常是婚姻的自然限制。在花蓝瑶中夫妇年龄男比女大的并无限制；女比男大的则至多不得相差10岁。女比男大的事实是常见的，这是在性分配不均，及女子不外嫁的社会中所不能免的事实。

择偶主动者时常是男女当事人的父母，因为订婚的年龄平均总在10岁到13岁之间。在这时期男女当事人还谈不上自主的选择。同时我们也常听他们说“我们的子年纪还轻，没有同他定老婆哩”，或是“我们已经替女儿找到了姑爷了”。但是他们却又很坚定的说婚姻是自由的，父母管不得的。这两个似乎矛盾的说法，其实并不冲突，因为订婚和结婚是两件事。在幼年时代父母代定的未婚夫妇，将来不一定是结婚的对象，除非结婚当事人出于自主地同意于父母所选择的配偶。不过这一种可能的“不同意”因为有其他的习俗调适，并不成为常见的事实。这种调适的习俗包括以下我们所要叙述的两性关系。

花蓝瑶亦有指腹为婚的事，因为他们有限制人口的习俗，在生第二和第三个孩子时，为父母的总得考虑到嫁不出去的可能性，所以在落地时先得作一预算，和人家订一预约。但是这只是一种人口婚姻分配的估计，将来是否一定要这一对婴孩成为夫妇，那是另一问题。

订婚的手续是由主动方面请男性媒人一位到对方去说亲。这位媒人一定要“通道理的明白人”，会讲话，会背历史，而且要在社会上有名望的。媒人衔了使命到对方的家里，把来意说明了，又加了许多好话来凑成这头婚事。其实，事先两亲家时常是已经得到同意的，所以媒人的职务并不十分重要。说定之后双方就送一些定仪如手镯，戒指，头巾之类。数量的多寡依两家经济情形而定。

订婚手续完成之后，被订的一方，姑娘或姑爷，到能做工的年龄，大约在14岁左右，就得到主订的一方去做工，每月一次或两三次。这是未婚夫妇的义务。做了工之后，这天晚上就可以和未婚对象同床发生性的关系。平时，苟其双方愿意时亦可自由到对方家里过夜。而且发生性关系的机会在瑶山中并不限于“过夜”。所以我们可以说在花蓝瑶中男女间“公开”的性关系从订婚时起就已经开始了。在这种“试婚”的过程中，很容易使男女双方发生很亲密的感情，父母所代定的也成了自己所属意的了。

在婚前和未婚对象以外的人发生性的关系并不视作“奸淫”，所以并不违犯“石牌规矩”，不受任何刑罚，只要这女人不是“笨老婆”就是了。花蓝瑶并没有“处女”的观念，他们并不明白处女和非处女生理上的区别。他们曾笑着向我们说：“这怎么能知道呢？”但是花蓝瑶中并没有没有父亲的孩子。在生孩子之前男女一定要结婚的。

儿女若要求父母替他们解约，父母总是听从的。他们说：“这有什么法子呢？这是他们自己的事。”解约的手续是由提出方面给对方12元赔偿费并退回饰物。若是对方不同意，就得请“石牌头”来办，结束了要给他一两元酬劳费。

在花蓝瑶中父系和母系的制度是同时并存的。男的可以在家娶媳妇mowa，也可以上门做姑爷louzoη。女的可以在家招姑爷，也可以出嫁做媳妇。但是如上节所说，一家若只有一个男孩，他总是留着娶媳妇的。他们没有留女孩在家招姑爷而把男孩嫁出去的例子。因之，这种情形使我们觉得在花蓝瑶中父系比母系为基本，甚至觉得母系制度的通行是因为他们有限制人口的习俗，这可视作一种后起的适应。

有时父系和母系合并，一家兼祧着两系。若是有一家只有一个男孩，另一家只有一个女孩，或是虽有两个女孩而一个已经出嫁了的，这一对男女结了婚之后，两系就暂时合并了。这一对夫妇有时住在男家，有时住在女家。我们说这是暂时合并，因为到下一代若有两个孩子，就把他们分隶两系。这两个孩子若是一男一女：男的“顶”父系，女的“顶”母系。各自成家立业，分为两家。若这一代依旧只有一个孩子，这孩子仍兼祧两系，到再下一代才分系。

男女过了15岁就可以结婚了，但是也有比这年龄更小就结婚的。结婚的时期由婚姻主动的一方面所决定：娶媳妇的由男家决定，上门的由女家决定。决定了要举行婚礼就通知对方征求同意，然后挑一个“好日子”。“好日子”是有一定的，瑶人的长老都默记着哪一月要避哪一天的口诀，按着天干地支排定，也有请汉人择日的。

“好日子”选定之后，到那天媒人便到女家把新娘领到男家，若是上门的就由媒人把姑爷领到女家来。婚姻主动的一方要送给对方10斤到40斤猪肉和相等重量的酒。娶媳妇的还要给新娘一件绣花的衣服，穿着过门。男女两家分别在自己家里请几个亲近的客人一同喝酒。但这并不算“结婚酒”。被婚方面的父母和亲戚也不陪同新娘或新姑爷一同到主婚方面来。

在门头村富有的人家也有在结婚当天就请“结婚酒”的，但是当天不请“结婚酒”是花蓝瑶普通的习俗。女家陪送给新娘的东西，普通也不在结婚那天送来的。他们的理由是说“没有生孩子的夫妇是靠不住的”。

花蓝瑶结婚仪式中并没有拜天地。新娘或新姑爷由媒人接来之后，客人们喝酒庆祝，到晚上夫妇就同床。结婚两天新娘或新姑爷要回娘家，但是并不和他们新结婚的丈夫或妻子一同回去，只送到半路就分手了。在自己家里住了两三天，再回新家。隔两三天新夫妇才一同归宁。从结婚到生孩子的一个时期中，夫妇的生活还是和订婚以后的生活差不多。新娘或新姑爷大部分的时间是住在自己家里的。但是他们在自己家里的地位却改变了。他们被视作客人了。吃东西也不能做主要东要西，只能跟着人家有什么吃什么。他们也不能向自己的父母要布做衣服，做衣服的布是由婆家或岳家供给。

依石牌规矩，已婚的男女不准和夫妇以外的人发生性关系，这种性关系称作“奸淫”。犯奸淫的要受石牌的责罚，给12元充公。但是要成立这种罪名，必须在男女幽会时当场捉住。若是逢着手脚伶俐的情敌，捉不到手，即使眼见他逃跑，亦奈何他不得，除了回头把自己的妻子或丈夫痛打一顿之外，别无办法。对方若是屈服低头求求饶也就算了。

在公开的婚姻制度之外，花蓝瑶还有一种“半公开”的情人制度。所谓“半公开”是指大家不足为奇而又不愿为外人知道的意思。情人制度和婚姻制度在实际生活上有同样的重要，二者有时平行，有时交叉，构成花蓝瑶两性生活的特具形态。所以在此我们不能不插叙这情人制度。

花蓝瑶的男女，不论已否订婚，情窦一开，就可自由地去找他或她的情人，土语作no，以过他们的爱情及两性生活。在他们的社会生活中男女接触的机会极多。同村的日常可以见面，“社交公开”，没有人把男女私事看成了不得的，父母也不干涉子女的自由行动。异村的每逢村中有事，好像度斋，庙会等，亦时常有交际的机会。在这种盛会中，男女盛装，在空场上列队对唱：先唱些客气的套语，男女相悦的就开始弄情。男的唱：“我家有棵树太孤单了，我想和它配个对。你们家里有棵树真好，若是搬到我们这里来，不是天作的一对么?”女子接着就唱：“你们的院子太好了，我们的树太不成，哪里配得上呢?”这样一唱一答，情歌不绝，情意绵绵，唱到深处，“两棵树”就交换饰品了：男的给女的多是手镯等一类东西，女的给男的多是头巾腰带等一类东西。这些东西他们时常预备在身上，遇见机会时，不愁无物交换。这时若双方依依不舍，情不自禁，就可以“偷偷地”离开众人，一同到山上去幽会了。

这一对情人若都没有订婚，就可以自订“白头之好”，回家央求父母去请媒人来完成必需的手续。若是各人已各有未婚对象，也可以回家要求解约重订。甚至已经结婚的，也可以回来离婚再娶。但是事实上，情人要成眷属需要解约，离婚等手续时，未免太麻烦。瑶山荒僻，不乏幽会之所，虽非眷属同样的可以继续他们的感情及两性生活。而且爱情有时而止，意断人散，没有任何社会手续要履行，较之婚姻制度更容易适应各人流动的感情生活。我们知道一个男人，据他自述已有过十几个情人，若是每次感情的变迁都需要一番费钱的手续，他早已不能继续生活了。

在这里我们可以提到花蓝瑶的坳瑶的情人制度，因为在坳瑶中情人制度更是发达，而且，依我们的忆度，也许是代表着在花蓝瑶旧有的形态。

花蓝瑶的情人制度是半公开的，尤是婚后情人间的性生活，时常不能获得妻子或丈夫的谅解，而引起在幽会时兜捉的趣剧。在“石牌”上规定着罚款，所以可以说情人制是“不合法”的。

在坳瑶中情人制是比较公开了。他们可以在情人家里幽会、过夜，只要情人的丈夫或妻子不在家里。即使“撞见”了也不会引起严重事件的。事实上，“撞见”的事不很多的，因为大家于人方便就是方便自己。我们在晚上要去找人时，常发生困难，因为他们不在自己家里的时候多。男女在家幽会时就把门关了，丈夫或妻子回来，见这暗号，就很聪明的去找他们自己可以去的地方了。情人若是白天来帮工，这天晚上，他就可以“有权”同宿，正式的夫妇照规矩须借故出让。

从他们的性生活来看，在花蓝瑶中，婚姻只是一种“合法”的结合，“法外”的关系是社会所默认的，只要不太公开，谁都不愿来管闲事。因之，他们“生物上的父亲”和“社会上的父亲”并不一定是相合的了。凡是自己妻子所生的儿子就算是自己的儿子。这并不是说花蓝瑶不明白性交和生育的生理关系。他们曾向我们说，“孩子不一定是丈夫自己的”。但是这“不一定是自己的”事实，并不足以卸弃他为这孩子的“社会上的父亲”的责任，甚至，依我们的观察，并不影响父子间感情的关系。

这种情人制度在花蓝瑶的生物基础上却有重要的意义。在情人制度下社会中“性选择”的作用比在婚姻制度下为大。无论何人都可以得到一个婚姻上的配偶，但是却不一定能得到一个情人。一个人在一夫一妻制度下只能在一时间得到一个婚姻配偶，但是却不一定只有一个情人。因之，凡是在他们眼光中视为优秀强壮的男子，所有传种的机会比较被视为愚劣的男子为多。更因为有人口限制，优秀强壮的男子的后裔生存的机会也更较多。

情人制度还有一个很重要的影响，就是使他们对于家庭的要求偏重于它的经济作用。在一个家庭须同时满足经济及感情双方要求的社会组织中，时常因感情生活的不能满足，而引起家庭的破裂，因而影响到夫妇间经济合作的不能维持。一个人感情生活比较上是容易变迁的，而经济的共同生活却需要比较固定的合作。尤其是像在花蓝瑶一般的社会中，每一个人都须劳动才能维持生活的情形下，家庭组织的不稳固对于各人的经济生活会发生严重的结果。这种使各个人能在家庭组织之外去满足他们感情生活的情人制度，在维持家庭组织的固定性上，确有相当的功效。

但是这并不是说花蓝瑶家庭是极为固定而没有破裂的现象了。家庭破裂的现象表现在婚姻的解散中。婚姻的解散有两种：一是离婚，一是死亡。现先述离婚。

离婚在花蓝瑶中最大的原因是在娶来的媳妇或上门的姑爷不能尽责劳动；次要的原因是在感情的不和，而有另婚的企图；不守贞操并不常成为离婚的原因。离婚的主动者多是一家的家长，家长负责监督一家中各分子经济的分工。如果有不尽责的，全家就都受到影响，自然不能不为全家的生存计，提出适当的处置。在家长提出要儿子和媳妇或女儿与姑爷离婚时，儿女是不能拒绝的，即使他们两人间感情很好。婚姻当事人若不堪虐待，或另有情人想成眷属时，亦可提出离婚。

在没有生孩子时，夫妇若要离异，只要履行和解约一般的手续，提出方面给对方12元赔偿金就完事。若是已生了孩子的，离婚时就比较困难。若是双方都同意离婚，则双方共同担负给石牌60元的罚款。若是一方不愿意的，提出方面须把这件事提给族长。族长认为理由充足时，就代表向对方交涉。对方一面表示不愿离婚，一面谈判如欲离婚必须得若干赔偿费。交涉的结果决定了赔偿金的数目，大概在100元以下。

赔偿金数目的大小，倚于发生离婚的“把柄”的性质。由于劳动不尽责，所谓“懒惰”的原因而引起的离婚，被离的一方并不能要求巨额赔偿金，除非有孩子要带回去。若是提出者因为要另婚而离异的，被离者就可乘此机会“敲一笔竹杠”了。我们知道一个实例。有一个男子，性喜喝酒，时常深更半夜才回家。若是他的妻子不等候他，他就乘着酒兴痛打一顿。他的妻子就和她的情人商量要提出离婚，结果一共出了80元的赔偿金给那个男子，才把婚离了。

花蓝瑶虽有离婚的办法，虽有离婚的事实，但是并不是普遍的事，而且大家觉得是不好的。有一个关于离婚的传说，表示不慎重的离婚会惊动天怒。以前有一对夫妇告到族长那里要求离婚，虽则他们所提出的理由是不能成立的，但是族长贪了他们的酬劳费，所以给他们离了。第二天族长屋前两棵树忽然好好的都枯死了。他明白这是因为误判了离婚才引起的，所以立刻把酬劳费退回，不许这对夫妇离婚。事后，那两棵树果然全都复活了。

在门头、古浦、六巷，三个村的交叉路口，现在还有一块石头，石头上打着11个斧印，据他们对我们说，以前有11个老人在这里会议，议定不准随意离婚，凡是要离婚的须罚和这块石头一样重的银子。这里可见一般人民对离婚的态度了。

离婚之后，男女都可以自由再娶再嫁。社会上对于离过婚的男女并不加以歧视。若是离婚的夫妇已生孩子的，只有一个则留在婚姻主动家，若有两个则夫妇各得其一。被离的一方带这孩子回家，交给自己的兄弟去领养，长大了，不论男女都嫁出去。再嫁的妇女或再上门的姑爷是不带小孩的。

婚姻亦可因夫妇中一造死亡而破裂。未死的一方可自由续弦或再嫁，一如初婚。在花蓝瑶中并没有守节的观念，在他们的家庭组织中，男女都有很重要的事务，所以在一家中不能维持长期的寡妇和鳏夫。我们知道一个例子，有一个男子离婚之后没有再娶，他就不能健全地维持他的家庭。他把田租给人家，自己成了花蓝瑶中的“怪物”。又有一个例子，是妻子死后已有两年没有再娶，虽则因为还有母亲在家可以代替一部分已死者的责任，但是影响于这家的工作已很显著，使他们不能不做再娶的预备了。

有孩子的寡妇或鳏夫再嫁或再上门时不能把孩子带走，所以财产亦不能带走。若是寡妇或鳏夫不愿离家，可以招一个姑爷或娶一个媳妇进来。这样一家中两代亲属可以完全没有血统关系了。

花蓝瑶的婚姻是严格的一夫一妻制。在任何情形之下，一个男子不能同时有两个妻子，一个女子亦不能同时有两个丈夫。

第二章　家庭（中）

结婚的过程在花蓝瑶男女的夫妇生活上并不引起重要的变化，结婚的仪式也是很简单的。严格地说来，他们夫妇生活正式的开始是在产生第一个孩子之后。在结婚到产生第一个孩子的这一个时期中，男女两造还是在“试婚”的状态之中。在这时期中若发生离婚的事，所需履行的手续，和解约相同，因为这时期中的夫妇关系和未婚夫妇的关系并没有重要的改变。如上章所述，婚姻主动方面在结婚当日并不请“结婚酒”，被动方面亦不在那天把陪嫁的妆奁送出。双方都要等夫妇关系确定之后才补行。产生第一个孩子是夫妇关系确定的表示，所以在第一个孩子满月那天才举行盛大的结婚宴，要到这时候婚姻的仪式才完成。

结婚之后娶来的媳妇或上门的姑爷大半时间是在自己家里过的，直到怀了孕将要生产的时候，做媳妇的就得回到男家预备分娩，因为小孩不能生在外家的。在分娩的时候，女子的母亲要来接生，她的婆婆或邻舍的妇人亦可代替接生。在怀孕期间，她们并没有特别的禁忌，但是为了健康的关系，她们可以免除一些吃重的劳动。分娩的时候，她的丈夫要在旁边照料一切，并且服侍她。她的公公没有特殊的任务，除了回避她。若是他平时和儿媳一个户里睡的，在这时候须搬出去，睡在别处。孩子落地之后，他们就在族中请一个道师来祭祖。到第三朝上，孩子的外舅和外祖才来探望，探望时还带着一只鸡。道师在那天要领着产妇，产妇背上小孩，在门外绕地走一圈，再作法替她赶鬼。

生了孩子之后，产妇在前半月中不准吃盐，下半月能吃盐了，但还不准吃其他的菜，只吃白粥。这一个月里，产妇是不做工的，由丈夫服侍她。满了月才恢复常态。

孩子满月那天非但产妇恢复了常态的生理，而且她和丈夫亦自此开始入于一种持久的共同生活。在没有产生第一个孩子时，我们已经说过，在他们心理上认为这一对夫妇的婚姻关系是不固定的，因之他们把庆祝结婚的筵席和陪嫁的妆奁都延迟下来。就是在夫妇的实际生活上，因为断续的同居，亦没有大变未婚时代的状态，所以我们在上文中称这时还是在“试婚”期中。到了第一个孩子满了月，夫妇才脱离“试婚”期而入于常态的夫妇关系。在花蓝瑶中孩子被视作夫妇关系的基础。在叙述离婚时，我们已提到孩子在夫妇关系中的重要性。此外，在孩子满月的那天，他们要把这“新人”介绍给社会。这一天，对于他们既有这许多意义，自然不能不有一种表示而举行一种社会仪式了。

满月那天所举行的仪式，可分为三部分：第一是给孩子提名；第二是补请结婚酒；第三是请满月酒。

在满月前一天晚上，他们就要请亲家的族人到自己家里来，当晚预备了酒肉，挤了一堂，喝完了酒大家也不回家；睡到半夜，听见第一次鸡啼的时候，男家族里的一个道师，当着亲家客人的面，为这孩子提名。孩子的舅父在旁，若是所拟的名字有和亲家族里的人相同的，他就提出异议，重改一个名。

到了朝上，他们就摆上席面，大大的请酒，名义是结婚酒，虽则离结婚已经快有一年，或者隔得更久的了。我们在上文里叙述过，在结婚那天，亲家是不到场的。两亲家的族人正式见面喝酒，这还算第一次。这一次场面铺张极大，普通人家都有七八十个客人。喝酒时结婚的当事人并不上桌，由本族的族人做主陪客。本族的男女分席而坐，客人则男女不分坐。本族的女人不能喝酒，女客则可以畅饮。

宴会快完时，客人们就起来说许多好话，祝福这一对“新婚”夫妇。瑶人都是很会说话的，说话时都引着许多历史事实。一个“明白人”在社会上有名望的都要能默记着种种历史事实。所以在演说时，开头就要说“盘古开天辟地，才有人类……”

最后来说话的是媒人。他也是从盘古开天辟地说起，接着提到一个关于花蓝瑶婚俗的重要传说：“我们是在明朝的时候，搬到这个地方。那时候同姓同村的男女是不准结婚的。可是到别村去娶老婆，寻姑爷，路又远，种种不便，那时有18年没有结婚的事。这样子实在不好，所以有明白人出来破了这规矩，现在同村同姓可以配合了。虽则如此说，这实在出于我们的不得已呀。”

在喝酒的时候，媳妇（或上门的姑爷）的母亲把带来一包陪嫁的东西打开，一件一件的点给客人看，有衣服，被服，背孩子的带，银的手镯和项圈等等。

结婚酒散后，客人并不回家，到下午接着吃满月酒。满月酒和结婚酒的分别只是在说话时偏重在恭维孩子方面罢了。

孩子的舅父是主客，他要起来说话：“今天你夫妇生这孩子，已经有30天30夜了。你们办酒办肉，摆满了桌，请我们外家来喝酒；又请道师给孩子安名。给他取个好名字，把恶除去。以后他上岭不跌，下水不滑。今天请我们来吃饱吃腻。我们没有什么可以报答你们，只能祝这孩子，他日长大了有钱有米，刀满柜，谷满仓，牛满栅，猪满巷，鸡满栏。他日这孩子大过人，富过人，做道师会过人，说道理明白过人……种种都比人强……”

舅父说完了，给姑爷4毫或6毫银子，再敬他一杯酒。另外还要给孩子2元或4元。这钱是由媳妇自己存着。孩子的祖父母也要给孩子的舅父3元谢仪，并且说：“你们把女儿辛辛苦苦养大了，给我们做媳妇。感谢你们，现在她已替我们生了个孩子了。”

舅父之后，客人们接着起来说许多好话，祝福这孩子。客人们尽欢而散。散时，主人要给每家送一块猪肉。舅父所得的肉最多，有20多斤重。其余每家平均四五斤。

以上所述的是生第一个孩子满月时候的仪式，第二个孩子满月时，并没有盛大的宴会，只聚几个亲近的族人吃一顿小酒罢了。

花蓝瑶孩子的哺乳期很长，从三年起一直可以延长到七年。但是孩子稍稍长大后，乳汁不过是食料中的一部分。我们看见一个3岁的孩子一面跟着他母亲要乳，一面吃着大人们所吃的饭和菜。所以极长的哺乳期的意义并不在孩子方面，而是在大人方面想借以减少受孕的机会。他们对于生育的频繁，除了延长哺乳期之外，尚有直接的限制。依他们的风俗，在生孩子之后两年之内不准再生孩子。若是在这时期中受了孕，除了初生的孩子死了，一定要堕胎。他们说：孩子来得太密了，对于大人及小孩双方都没有益处。

孩子生活100天左右，他们要替孩子剪一次发，到半年的时候再剪一次。这两次之后，他们就永远不再剪发了。在15岁之前男的把头发挽成一个髻，比成人的髻要简单得多；女的梳两条辫，从头后交叉绕过额前，再在头后结住。

没有结婚的少男少女，在家庭中并不被视作正式的劳动分子。但是他们并不是闲着，他们跟着大人各处去劳动，就在这种不被视作正式劳动，“耍着玩”的过程，他们学习着谋生的技术。我们看见三四岁的孩子也会早晚拿了谷子去喂鸡，六七岁的女孩也会拿了针线学做活，绣着很可观的花边。再大一些男孩们，掮着枪出去打鸟，田忙时稍长的男女孩子都下田帮工，晚上挑了“禾把”跟着大人回家。

到15岁左右，不论男女都要受一个成人的典礼。

这时候男女生理开始成熟，在劳动上他们已可以担负吃重的任务，而且更重要的，是因性机能的发育，使他们生活发生许多孩童时没有的新形态。这种种生理变化影响于个人的社会生活极大，所以在这时候，孩子的父母要为他们举行一个仪式，把一个成了人的儿女，介绍到社会上去，让他可以享受成人的权利。

女子的成人礼比较简单。父母替她挑一个好日子，请一个会梳头的老年妇女来替她改梳成人妇女的髻。成人妇女的髻是把头发用大量的猪油膏成一个“发罩”盖到眼前而梳成的。发罩上再戴上一个白布做成和医院中看护头上所戴的帽相似的罩。这盖刚把头顶上的小发髻盖住。远望时，她的头发好像一顶黑绒白心的帽子，从我们看来，确是很美观的，不过梳头费时极多，而且不易洗濯。第一次所梳的头，在她们看来是一生幸福的预兆。所以她们一定要请手艺最好的妇人来梳拢。她家里更要办一席酒请梳头的妇人和亲近的族人来喝。

若是女子在15岁前就结婚，结婚那天就改梳成人妇女的发型。

男子的成人礼在花蓝瑶中是一个极隆重的仪式，亦是一个男子一生中极严重的关口。这种仪式称作“度斋”doceŋ，普通一个男子是在13岁到15岁之间举行度斋的。若是一个男孩要留在家里娶媳妇的，就在自己的父母家里举行；若是要上门做姑爷的，则到岳父母家里去举行。到岳父母家里去举行势必在结婚之后，所以年龄上比较大些。

田忙过后，约在11月或12月的时候，有要度斋的孩子的父母或岳父母选定了一个好日子为他们的儿子或姑爷举行这种仪式。他们预先在家里搭了一个两层高的床；下层放着鼓和剑，上层铺着新的被褥，留着给度斋的孩子睡。他们又为他做了新衣服。度斋开始时，这孩子睡在高床上，不吃荤，不吃酒，不吃油，只能吃白饭。这样要五天，每天请了已度过斋的人来教他跳舞和其他一切做道师应有的知识。这时他梳上成人的髻，形状有如田螺。他若是还没有满15岁的，仪式过后仍可以梳孩子的头。

第五天晚上，全村的男女和邻村的亲戚都到他家里来。他家里要杀猪备酒。这一次宴会总共需费五六百斤猪肉。度斋的孩子这晚上在客人的面前表演跳舞。跳舞是花蓝瑶社会生活中重要的节目，每一个作为社会上的正式分子的男子都须学会跳舞，他才能参加种种重要的集会。这孩子表演过了，便躺在高床上休息。男客就跟着跳起舞来。妇女是不跳舞的，参观时也不能进屋，只能在门外看，除了两个都生过两个男孩，而且都活着的妇人坐在屋里。

跳舞时不但在门内有热闹的集会，在门外也是热闹非凡。多情的男子乘着女客们在门外观舞，就跟她们说笑起来。于是他们唱起歌来了，男女分了宾主对唱。本村的男子作主人先唱："你们贵客到来，我们招待不周，地方不好。”别村的女客接着唱：“你们地方好，风俗好，人更好。酒肉多，待人好，我们没有什么报答你们。”他们眉目传情地唱起恋歌来，接着就是换物幽会。度斋成了花蓝瑶男女恋爱的好机会。这种跳舞和唱歌要继续三个晚上。

度斋普通是五天，若是受度的孩子已过15岁，就要度七天。若是一个男子的妻子受了孕而他尚没有度斋，他就永远不准再度了。

度斋的意义据他们说是使这孩子能做“道师”。道师是一家的宗教领袖，他可以赶鬼，招神，和祖先往来。他可以参加及主持各种社会仪式。凡是没有度过斋的男子就丧失了这种种能力，同时就不能成为一个完全的社会分子。他不能参加集会，甚至不能和度过斋的人同桌吃饭。

女人不生育虽可以成为离婚的理由，但是并不一定要离婚，因为在花蓝瑶中除了生育之外尚有别的办法可以得到儿子。本来，我们上章已叙述过，他们对于血统是并不重视的，即使由妻子所生的“儿子”，亦不一定是丈夫自己的，而且依我们的观察，父子间的感情，并不因血统的不同而发生隔膜。

不生育的夫妇却不能不想法得到一个儿女。在他们的家庭组织中每代至多是一对夫妇，但至少亦需有一对夫妇，不然这家庭就入于反常的状态而将归于消灭了。在这一种最小的经济单位中，若缺少了一个分子，好像我们上述夫妇中有死亡的情形，这单位就不能健全活动，何况缺少一代呢？所以凡是结婚之后有几年不见生育的时候，他们不是提出离婚，也得去领一个养子了。

养子是向人家多余的孩子中讨一个来作为自己的孩子。养子的选择并没有一定的规律，普通总是在自己族里选择，但是在族外选择亦无不可。养子在家庭中的地位和亲子并无分别。

家庭分子组合的过程是结婚，生育和养子，家庭分子的解散是离婚和死亡。死亡不但是个人生命中的一件大事，亦是社会上的一件大事。人死了，死者在社会组织中的功能消灭了，于是社会需要一种善后的办法。在这一个关口上，我们又可以见到一套社会仪式了。

在花蓝瑶人的眼中，“生孩子”是一种重要的身分。这身分影响到丧礼中，使有孩子的人和没有孩子的人有了重大区别。没有孩子的人死了算作“短命人”，一死就要转生；有孩子的才算“长命人”，死了不是转生而是成仙的。

短命人死后没有什么隆重的仪式，把尸首装在棺材里，抬出去就埋在地里。这一类人最多是婴孩。婴孩死亡率据他们自认是很高的，但是我们没有统计来确定高到什么程度。若是杀婴及堕胎的数目加入由疾病及其他自然原因而死的婴孩数目中，则他们的婴孩死亡率一定极高的了。

长命人死时，仪式就隆重了。

若是死者是由婚姻关系而加入这家庭的分子，媳妇或姑爷，临死时一定要有自己家里的人在场，不然亲家可以来捣乱。在这里可以看见由婚姻关系而加入家庭的，仍带着是“外客”的性质，家庭分子的正宗是由生育或收养而加入的。在人将死的时候，他们就去通知亲家，虽则深更半夜，也不能耽搁。

人断了气，他们在地上铺一条席子，把死尸放在席子上。若是人在晚上死的，则要等到次日朝上鸡啼时才放到席子上去。死者若是由婚姻关系而加入这家庭的，媳妇或姑爷，自己家里要送400斤酒，200斤猪肉，两只鸡和一块黑布。本族的人和亲戚，每家都要送一块白布，长度和人体相若。白布和黑布都裹在死人的身上。亲戚朋友都来吊孝哀哭。主人要替死者的小辈或同辈中年龄较死者为幼的男女，每人做一件白布的丧服，丧服是没有袖子的。男的头上来一块白布；女的把头发披下来，用白纸围着，耳环上也挂着白纸。长辈或同辈中较死者年龄为长者都不穿孝。

死者的家里杀鸡，杀猪；把猪头、鸡、酒等放在一个圆形的筐里，安在死人的头旁，亲戚及小辈都围在两旁哭。一边哭，一边唱着："你死了，我们没有法子过了，没有人管我们了，我们得自己管自己了。"

次日下午，他们便把死尸装在棺材里去了。棺材是用6块板做成的一个长方形匣子。他们并不考究棺材的木料，虽则上等的木料是现存的。棺材放在门外，有一块白布从死人的床一直连到棺材里。棺材里有一个坛，米从白布上滚到这坛里去。这米是给死人"吃"的。一切都预备妥当后，死尸由他的儿子、媳妇或女儿、姑爷连席抬到棺材里。撤去白布，把棺材盖闭上。他们请了几个人把棺材抬到附近的山里去。家人和客人都跟着到山里。有名望的人若死了，送殡的人多至二三百人。他们带了刀、帽、伞等日用品放在棺材盖上，给死人"用"。靠着棺材搭一个棚，防风吹雨打。棺材时常就放在靠路的山坡上，所以过路的人都能看见，而且因为棺材的木料简陋，所以尸体腐烂时，沿路都能闻到。

从山里回来，主人要预备酒肉请客。抬棺材的人每人要给一斤猪肉。但是，凡是戴孝的都不能吃酒和肉。到第九天才由道师替他们开斋。开斋的方法是由道师拿一碗酒，一块肉，由长至幼给他们每人喝一口酒，吃一口肉。开了斋他们可以随意吃东西了。

第三天鸡叫的时候，约在半夜12点钟，道师要为死者上祭。道师常由族长担任。亲戚邻舍都在前一天晚上把祭物送来，有猪肉，鸡，酒，香，纸钱，芭蕉包等等。自己家里也预备了鸡和酒。上祭的地方就在死者睡的床上。在床上再搭高一层，中间靠壁处，放一树枝，枝上挂着白衣白纸。树枝的两旁边点着蜡烛，枝前摆着祭品。道师上祭时向死者说："你是那一天死的，我们多少人送你上山，你来吃这些东西罢。"这样祭了两个钟点才完。祭品用盐保存着等开斋之后吃。朝上七八点钟时，客人都来吃酒。客散时主人要送他们长方形的芭蕉包，每家10个。吃酒时主人不陪客，由族长代表招待。妇女们过了这一次上祭，披下的头发可以梳拢了。

第五天，第九天，第十三天，和第三天一般上祭，所以他们一共要上祭四次。13天之后，丧事才结束，戴孝的可以把白衣脱去，但是仍不能穿绣红花的衣服。

棺材在山上搁了三年，家人来举火烧尸。这一天又要办酒请客，这次规模比丧事时更大，一共总要四五百斤猪肉。客人们都送香烛和鸡来上祭。女婿去祭岳父时要用10多斤重的一只小猪。

若是富有的人家，不必等猪长大就能请客，火葬也可以提前举行。这种提前火葬的风俗也许是受邻族坳瑶的影响。

棺材烧了，烧剩的骨头捡出来，装在坛里，葬到山洞里去。坟是靠山，挖一个洞，坛子放入洞中，洞口用一块石板挡着，留出一些缝，所以在缝里时常可以看到这坛。穴上用泥堆成一个馒头形的顶，年久了泥就松下来，在他们是认为好兆。穴前辟一方空地，用石块排成一个桌子，和几个可坐的凳子，这是预备上祭用的。一家人不一定葬在一个地方。除了我们所见乡长的家墓在一起有七八个外，其余都是一个或两个零星地分葬在各处。

坟地的选择注重风水，这也许是受了汉人的影响，因为他们时常要请教汉人替他们看风水。看定了一块地方，不管是属于谁家的，都可以安葬。他们说因为要尊重老人家，所以不能干涉他的坟地的；但是有一个条件，就是不能离别家的坟太近，亦不能葬在人家的坟的上峰，因为这样会引起死人间的不和。

火葬之后，穿孝的人可以把素服脱去重穿绣着红花的衣服了。

每家到清明时节要上坟祭扫。一家人分开了去祭各地的坟。祭完了在坟上插一根树枝，树枝上挂着白纸。

有后嗣的人死了是成仙的，成了仙的祖先保护着自己的后嗣。每家成年的男子度过斋之后，都能和祖先相通。每次吃饭，有好菜时，譬如有客人来杀了只鸡，他就要呼祖先的名字，洒一点酒在台上，意思是请祖先来先享。逢着大雾侵屋，祖先就被惊动，家人要不安，于是他们要用三牲祭祖。

在每家对着正门正中的壁上有一个橱，或有一块板，上边供着三支香烛。这地方是祖神所在之处。他们并不设神位，也没有什么字迹。

每逢节期就要祭祖，花蓝瑶的节期是按汉历，正月初一，二月初七，三月清明，六月初六，七月十四，十二月三十。除清明之外都在家祭祖。

成了仙的祖先是由甘王雷王等所管辖。他们是正神，是人民的保护者。除了对于他们不敬，他们不常闹事的。所谓闹事就是家中发生疾病及其他不幸的事情。

正神之外有邪鬼，邪鬼常常和人民作乱。邪鬼中最凶的是山鬼。山鬼的来源不一，但是我们知道一个例子。在民国十三年大藤瑶山曾被汉人的土匪盘踞过，后来瑶人会合了军队，把这股土匪平了。在山里有很多被杀的土匪。他们就成了山鬼。若是有人撞见了就会生病，而且有一定的病状，就是呕吐。

花蓝瑶人生了病，有两种办法：一种是吃药，一种是问卦。但是这两种方法都不是花蓝瑶的特长，虽则每一个道师，其实就是家长，都知道这些技术来对付一家有不幸的事情发生。但是逢着有重要的事，他们要去请板瑶了，板瑶才是熟习巫术和医药的人。

问卦的方法是用两片竹板，称作gu；和一把剑，约有20公分长，铁制的，柄上有五个铁圈，称作sileη。竹板有阴阳两面，摔出去有三种配合。在这三种配合中瑶人就知道是哪种鬼在作祟，和怎样对付了。问卦时要点香，供米，烧纸。若是应验了，要杀鸡谢神。

第三章 家庭（下）

在以上两章中，我们已屡次指出花蓝瑶家庭组织最基本的功能是在它能形成一个经济活动的单位。本章将详述这种经济活动的情形。

花蓝瑶是以农业为他们经济的基础。他们居住的地域是象县的瑶山，山的高度在200公尺到2000公尺之间。气候和温带相当，但近热带，雨量较多。从气候上论这地域是极适宜于稻作物，但是山冈起伏，土层极薄，灌溉不易，所以大部分面积，并不能种稻。

可以种稻的区域只限于沿河的两岸。河是从东南向西北流。花蓝瑶的五个村就排列在河的西北岸。西北岸的山岭较高，所受雨水亦较多，山水由高处下流，会合在山脚的河道里。花蓝瑶利用这山水用竹管引到田里。这种可以受山水灌溉的田，他们称作“田”，瑶语作liŋ。田里可以种水稻。没有山水灌溉的山坡，已除去林木，可以种植的地方，他们称作“地”，瑶语作la。在地里只能种旱稻，和其他玉米、粟子等旱作物。

水田的构造比较复杂。山坡斜度极大，要储水给养，必须依势筑成一层层的坝。田呈梯形。每层的面积宽度依山势而定，普通都很狭，平均宽度不过3公尺。每级的高度在70公分左右。在这种梯形的田层中，他们从水源用竹管及水沟导水入内，储水量可自由伸缩。这种田不但限制于水源可及的地方，而且需要很重大的筑坝工程。他们的命运靠人比靠天为多。雨量虽足，若是坝堤失修，水积不住，几天之内，可以使稻完全枯死。

花蓝瑶专种水稻，所有的旱地都“批”给板瑶，山子或汉人，所以我们对于旱地的耕种在此可以从略。

在这种生产的状态之下，显然不能以个人为独立的单位了。我们不是说家庭组织是出于这种工作上的需要而形成的，只是在这种不是个人可以独立谋生的经济状态下，家庭组织满足了多人合作的需要，而成了他们经济活动的单位。

一家耕种工作的开始是在每年4月（公历）的时候。他们第一步把田里的积水放了，用耙翻土。耙是一个1公尺见方的木框，下面有刺约20公分，刺插入土中，用牛拖着，土便跟着翻起来。没有牛的人家，就由人力拉耙。每一块田，要翻两次土。平时他们收集牛粪，把牛粪和了草烧成灰。土翻遍了，把这灰下在田里，作为肥料。然后他们修好了坝，把水放入。5月里，他们按照汉历播谷在秧田里。在秧田里谷发成苗，约需一个月才能分秧。分秧是女人的工作，他们说女人分秧，稻才茂盛。女人把秧在秧田里拔出土，递给男人分插在稻田里。每五六棵插在一起，每隔20公分左右一丛。

稻种在田里之后，第二步工作就是清除杂草。大概离插秧后20余天才开始。方法是用脚把杂草踏入土中。每块田要耘两次，这时已在7、8月的时候了。9、10月的时候主要的工作是在修坝。他们背上一个袋，袋里装着土，在各处坝旁巡视，发现缺漏的地方，立刻用土塞上。坝上有杂草也要用刀割去，因为草长大了，田鼠可以藏在里面吃稻。他们更要随时视察水道，有损坏的地方，须加修理。这些都是他们的命脉。11月时，稻熟了，他们就开始剪禾。他们的田是一层层地，而且很狭，所以不能像平地上的田一般，把稻割下来堆在田里，打了谷子运回仓库。他们用一种小刀把稻穗割下来，扎成了“禾把”。每把湿时有十几斤，干时重8斤。每天把剪下来的禾，挑回家中或堆在田里。陆续运回。每天每人可以剪100斤禾，小孩也可以剪30斤。若是田离家很远，他们就在田旁搭一间小屋，或造一仓库，夜里不用回家，剪完了禾，把禾堆在晒台上之后才回来。每家都有晒台和仓库。晒台多用竹竿编成，禾把收回，便放在晒台上。等禾把晒干了才收进仓库。仓库有的就造在住宅旁边，也有造在离住宅较远的地方。每个仓库可以藏1万斤禾把，仓内分了许多层，每层可以放100个禾把。禾把收藏之后，农事可说是结束了，为时在11月底或12月初。

每年每家可以收1000斤到6000斤的禾把。禾把上的谷子除了每天做粮食，做酒，喂猪和鸡之外，还要用以交换其他用具及人工，所以这是他们经济的基础。据他们说，他们靠了田里的收获，可以自足了。以六巷为例，37家中有16家，自己家里出产的谷子不够用，而实际上，每年全村缺谷的总数不过四五千斤。100斤禾把可以有70斤左右的谷子，所以一村只缺两家的粮食。

田忙的时候，全家除了老人和小孩之外都出门去劳动。一早，天刚发白的时候，女的就起身舂米，预备早饭和晚饭的粮食。他们仓库里收藏着的是禾把，所以每天要临时舂米煮饭。隔夜从仓库里把下一天所需的禾把取出来，放在烤火处所悬的竹筐里。禾把经一夜的熏烤都很干了。明朝起来先用木槌把谷子从稻穗上打下来，然后舂。在正屋的角里，每家都有杵臼的设备。他们利用杠杆作用，靠地安一根横木，中间有一支点，脚踏上一头，那一头的槌就上下舂米。石臼是装在地里。臼边和地面相平。谷子要舂三遍，每遍用筛把糠秕筛去。新近也有人家从汉人处传入了磨和风车，所以舂一遍已够。舂米是女人的工作。若是家里只有一个女人，工作不开时，男人也帮助她舂。

每天早上，他们要煮一锅粥和一锅饭。出发劳动之前，大家吃一顿粥。饭是用芭蕉叶包了带到田里去吃。夫妇的饭装在一处，由妻子背在袋里，劳毕归来后，再煮一锅粥当晚饭。煮饭亦是女人的工作。

花蓝瑶的食料并不限于饭和粥，所以他们还要经营别的工作来获取其他食料。荤食方面的食料来源有家畜和渔猎。他们的家畜有三种，猪、鸡和牛。畜牛的目的并不在食料而是在耕地。但是若是所畜的牛有了病不能耕地，或竟死了，也宰了当食料的。富家有牛十几头，穷家甚至一头牛也没有。鸡有雌雄之别，雄鸡是养着报时的，所以普通不杀成年的雄鸡，雌鸡则以充食料为主。每家平均总有七八只大鸡。因为数目有限，所以不能随意杀鸡。杀鸡的时节是敬客和敬鬼。有时他们亦养鸭，但是因为在山上没有水流，鸭是不很普遍的。猪是花蓝瑶重要的家畜。每家总养着一两头猪，每个猪都有几百斤重。一家在短时期中决消费不了一头猪，所以一定要有请客的机会才杀猪，他们曾同我们说：“猪是养着娶媳妇的。”一家有杀猪的机会而所养的猪不够用时，可以向邻家借用。所以猪实际上是由各家养的，由全村共同消费的。

家畜之外的荤食是得自打猎和捕鱼。打猎和捕鱼普通都是男子的事，虽则据说女子也有出去打猎的，但是我们没有见过。瑶山里的动物有虎，山羊，野猫和鸟类。兽类比较少，最多的是鸟类，鸟类中最多的是一种候鸟，名叫雪雀。雪雀在秋末到瑶山，冬季才离山。10月11月是雪雀最多的时候。

打猎分设陷阱和枪打两种方法。普通都是用枪打的。每个男子都有一枝鸟枪，平时除了在田里工作，他们总是带着枪，系着火药和子弹。他们不肯放过一个可以获得食料的机会。

鸟枪是花蓝瑶自己匠人打的，但也有向板瑶买的。鸟枪平均有两公尺长，一根细长的铁管装在木的托柄上，后面有一个开关机。要用时，先把火药从枪口装入铁管，用一铁钉打结，然后从枪口放入散子和火药，再打一遍。铁管的后端有一小洞凸出。开枪时，在凸口上安一个小的铅皮帽，开关机弹簧一松，正打在铅皮帽上，相击发热，传入火药，把散子迫出枪口。他们射击的技术颇精，10月11月正值田忙的时候，但是每人每年可以打二三百只雪雀。有时，男子远出打猎，整夜不归。若打得野兽，肉可以作食料，皮可以出卖。鸟则都作食料，羽毛则烧去。

捕鱼的方法有钩钓和张网两种，但是瑶山多山地树林，溪流极浅，所以捕鱼没有打猎的普遍。鸟和鱼捉回来之后，多由妇女整理，洗干净后，和了米粉和盐，腌在坛里封紧，过两个月之后，便可以吃了。他们并不保存得很久。鸟也有洗净了就烤来吃的。

蔬菜中自己家里种的有青菜、青辣、白薯和倭瓜。青菜除了生煮外，尚有酸了然后吃的。酸菜的方法是把青菜加了米汤，封在坛里，过几天就取出来吃了。野生的蔬菜有竹笋，香菌，木耳等。这些蔬菜不单供养自己家里吃，也收集了卖给汉人。

在食品中花蓝瑶仰给于汉人的，主要是盐和油。他们常自夸："即使和汉人断绝了，不过没有盐吃罢了。"但是现在事实上，自从汉商在瑶山中做买卖之后，单是食品也不只是盐一项从山外贩来的了。黄豆，腐竹一类东西，也成了瑶人日常的食品。

水的供给在山地居民是一个极重要的问题。他们有一种极简便而实用的"自来水"的设备。他们利用水的下流性，从水源一直用竹管引到家里，和灌溉水田的方法相同。家里的用水，有时和邻家合用一道竹管，亦有自用一道。

普通的食料之外，花蓝瑶的男人还有很大的消费，就是烟和酒。他们都有很大的酒量，而且一有机会就痛饮。每家自己酿酒。酿酒的方法是用米粉和了酵母制成酒饼。发酵之后用水泡了，加热，蒸漏得酒。普通人家每月酿30斤谷子的酒。每逢有客，每人一次饮两三斤不足为奇。烟叶本山亦有出产。他们把烟叶烤干了，卷了放在烟筒里抽。但自从丝烟输入后，他们都吸外来的烟了。

茶是花蓝瑶普通的饮料。本山亦有出产。

在用品方面，花蓝瑶已没有像在食品方面那样自足了。他们在用品方面最重要的火，已完全依赖于外来的火柴。我们没有见过其他取火的方法。他们每个人身上都带着铁制的火柴匣，保护着他们的火源。火在他们的重要是很切实的。尤其是在冬天，他们的衣服不足御寒，非有火不能取暖。他们所用的燃料是树木和竹竿。树木和竹竿是本山的产物。每家都有自己的山地长着树木和竹林。但是树木和竹竿要成为燃料，一定要经过相当时间的晒干才能用，一捆捆地运回家中。晚上用的光亦是由燃松木得来。

花蓝瑶在制作的技术上并不发达，除了制造鸟枪及刀的铁匠之外，没有其他专门的匠人。他们自己所能制造的只限于简单的竹器和木器。竹器多削青竹的外层编成，好像篮、筐之类。木器限于粗糙的储水器，用整块的木料挖成。比较复杂的用具，好像桶、柜子等，都请汉人来做。铁锅等须到附近的市集上去购买。

纺织在花蓝瑶中是妇女的工作。本山出产棉花。织成了布之后，用本山所出产的蓝靛染色，所以花蓝瑶所穿的衣服，只有白的和蓝的两种。一家所织的布，据他们说是够一家所需的衣料。若有丧事，他们就不能自给，须向山外去买了。妇女的衣服两袖和下沿绣着各式的花样。绣花用的丝线是向汉人买的。每个女人每年平均要2元4毫的丝线，一共3两重。

缝纫的方法：凡是两块布接缝的地方，他们都用布边。他们的布匹的阔度很小，约20公分。上衣不开领圈，穿上时，前后都呈尖形。靠头因容易损坏加一层托肩。衣服不用扣，也没有纽，对襟重叠，有带拦腰结住。上衣长度下端齐膝。男女衣服制法相同，只是男衣不绣花。下衣制法同汉人。头上，女的戴一白布罩称gijo；男的用一块头巾围在额上，拖到后颈结住称

pomeη，头巾两端都绣着蓝色的花边。他们脚上，普通都不穿鞋袜的。天冷时用一块布裹脚，穿一双草鞋。他们不知如何结鞋，所以都向汉人买的。晚上洗过脚后，女的时常穿一双木屐，和日本人穿的相同。

从他们的经济生活上看，花蓝瑶的家庭虽则在大体上说是可以自足的。但是仰给于山外汉人的地方还是很多。于是他们不能不有一种交换这些输入品的东西。输出的主要商品是木材。花蓝瑶经营这些实业有两种方法：一是把林木包给汉人。由汉人到山里去采伐，运到河边，编成木排，顺水运出瑶山。每株给树主1毫2分的代价。一种是由瑶人自己伐木编运，每个木排约有25根，运出后可以卖7元左右，事实上，包给汉人的方法较为普遍，因为瑶人不善于伐木。除了木材之外，尚有小宗的输出品，好像兽皮、香菌等等。

花蓝瑶每家自成一户，住一所房屋。一所房屋普通是包括一间正屋，一间贮水的小屋，一两间安杂用品或兼充卧室的厢房，一个晒台，一个仓库，一两间牛栏和猪圈。

正屋有10公尺至20公尺宽，五六公尺高，6至10公尺深。每间正屋可分为左右中三部分。每部分的功用不同，中间部分是扇门，正中靠壁有一个大木橱，或有一块板横在墙上，这是供祖先的地方。上层供着三个香炉，下层靠壁或靠橱贴着名片日历等纸张。橱里放着各种杂物。橱下或横木下有一张方桌，是吃饭的地方。

右边部分是厨房。靠里面的墙有两个灶，没有烟囱。靠右边的墙是舂米的地方，有杵臼的设备。由右边一个小门出去是贮水的小屋，水是从墙外由竹管接入。

左边部分是卧室。床离地有十几公分高，床上有席和被。普通一家有两三张床，沿着墙排列。近门的角里是烤火的地方。地上挖一凹，木材搁在上边烧。火的上边搭一层板，搁杂物，更挂着一个铁丝篮，作烤禾之用。

这是正屋的大概情形。也有各种变异的式样。卧室的一部分有用板壁分作一间小房，与外隔开。厨房一部分也有把贮水的小房扩大，把灶移出正屋。

晒台和厢房的位置变化很大，有一种是衔着正屋，屋檐相接，另起一座两层楼的房屋，但是两层的总高度和正屋相同，所以每层的高度不过正屋的一半。下层是牛栏和猪圈，上层是放杂物的厢房，正中向外是晒台。有一种形式是把厢房移在正屋的左边，有小门和正屋相通。晒台移在仓库前，便于晒谷。

仓库有和正屋连着的，也有和正屋距离很远，甚至在田边或村外的。牛栏有时也在正屋附近的家园外另造小屋。每家都有一些空地种蔬菜等东西。在六巷每家都用竹篱围着。在门头空地较少，竹篱也不多见。

花蓝瑶普通是一家人都睡在一间屋里的。夫妇同床。有孩子的女人领着孩子另睡。孩子到了两三岁，有的跟祖母睡的。若是正屋里有另外小房的，父母和儿媳就分开两房睡。有客人来时，临时搭床同在屋里睡。若是媳妇或女儿生孩子时，公公或父亲就要搬出正屋，在厢房里过夜。

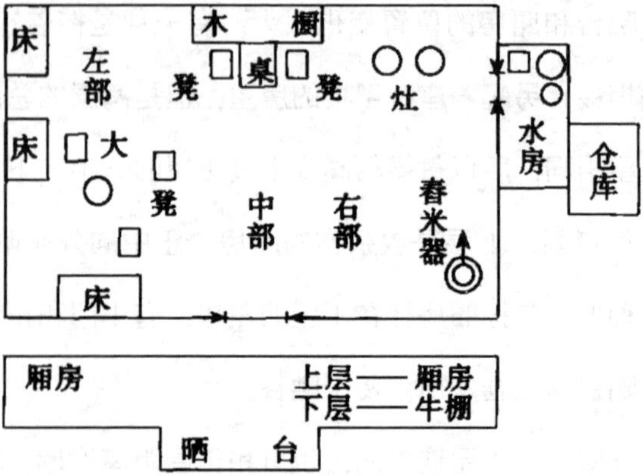

家庭是花蓝瑶经济的分工和合作的单位。一家所收入的，属于这单位的全体，所以家庭中大部分的东西是全家人所公有的。但是家中各分子并不是没有属于个人的东西；例如，任何个人去人家帮工时所得到的报酬，他可以自由使用。媳妇或女婿由娘家得来的东西亦可任意支配。公有的财产由家中负责当家的人管理，普通是由家长当家，男女均可，但年纪太老了不管家务。

一家财产的继承亦以家庭为范围。我们可以说他们财产大多属于“抽象的家庭”，并不属于家庭中实际的各分子。任何分子脱离这“家庭”时，不论是死亡或婚嫁，他就要丧失支配及使用这一家的财产。陪嫁的东西和礼物的意义是相同的。任何一分子加入这家庭就享有这家的财产权。家庭中各分子是暂时的，可以在各种方式之下加入或离出，但是抽象的家庭是比较永久的，财产就跟着得到永久的附着体。田地是生活的重要资源，所以他们在可能范围中，要防止田地权的离出这家庭。田地是不准买卖的，至多把它押出去，暂时地把田地权转移给家庭之外的人。花蓝瑶有人口限制的习俗，所以财产不会因人口增加而分散。

若是一家的人都死了，这家即归于灭亡。但是花蓝瑶还是要设法来持续这家庭的寿命，方法是由族长出来指定一个同族的孩子做承继人。若是只有一个女儿而招来的女婿又是他自己家里的承继人，这两家的财产便暂时合并，到第二或第三代重新分开。但是，事实上家庭的灭亡并不是没有的，因为从他们记忆中，自从他们定居于现在的地域以来，户数已大有减少。他们又说以前各家的田地常不足自给。因之，我们可以推想，在一家灭亡之后，若是所有的财产并不能维持这家庭的持续，这财产就并入近族，不另立嗣了。同样的，若是由婚姻而两家合并后，财产减少不足再维持两个独立的家庭时，他们也不再把后嗣分成两家了。我们在六巷就知道有一家，现在已汇集了三家的财产，将来是否要分为三家，犹未可知。

第四章　亲属

花蓝瑶的人口限制的习俗起源并不很古，我们在上章已经说过，他们现在还记得一家有几个兄弟的时代。这些同出于一祖的后裔，至今仍团结成一较家庭为大的血缘组织。他们称这种组织作zoŋ，我们可称作宗族。这种宗族组织现有的性质和普通所谓氏族或clan不同。普通的氏族是一种外婚的单位，而花蓝瑶的宗族只是外婚单位的一部分。他们不相通婚的范围除同宗之外尚包括四代之内的姻亲。这种外婚单位可称作亲属。

花蓝瑶中，同宗的亲属都属同姓，但是同姓的不一定同宗。姓和宗族及外婚单位都不相印合的。这也许是后起的现象。依他们的传说，在明朝初入大藤瑶山时，他们曾有同姓不婚的习俗，如我们在上章所说，在结婚酒席上媒人还要解释破坏这种习俗的不得已的苦衷。最初移居时，也许是以“同姓的宗族”为单位，所以至今同村的都属同姓。在大藤瑶山中，各村的距离很远，婚姻不便，所以据他们的传说曾有一时在18年之内没有婚嫁的事，后来才规定以亲属为外婚单位。依我们的臆度，就在这时期，姓，宗族，及外婚单位开始分离而成不同的实体了。姓的实体的变迁我们在下章还要讲到。宗族组织虽然现在还保存，但是一方有亲属组织，一方有村落组织，从它的功能上论，已入于衰微的过程中。

亲属包括宗亲和姻亲。宗亲是由生育及收养而产生，姻亲是由婚姻而产生。花蓝瑶的婚姻并不单是男女个人的结合，而亦是男女两家的结合。婚姻对方四代之内的亲属都包括在不能通婚的外婚单位之中。但是甲家的姻亲，并非同宗乙家的姻亲。乙家的分子可以自由和同宗甲家的姻亲通姻。于是花蓝瑶的外婚单位并不是固定的某某几家所形成的，而是以一家及一代为主体而计算的。

宗族是亲属中的固定部分，姻亲是亲属中的流动部分。这一种有流动性的外婚单位解决了花蓝瑶的通婚问题。

在亲属中各人的关系不同，相互的责任和义务有亲疏之别。这种亲疏的关系表现于他们所用的亲属称谓制度中，所以我们必须先述他们的亲属称谓制度。称谓有两种：一种是直接称谓，一种是间接称谓。直接称谓是亲属见面时所用的称谓；间接称谓是向第三者说及时所用的称谓。我们所要叙述的是直接称谓，间接称谓用括弧附在旁边。

花蓝瑶的称谓制度中，并不因称呼者的性别而分别的。在下列表中“己”是不分性别的。凡在称呼者

"己"的左面的系较称呼者年龄长大的亲属；右面的系较幼的。箭号表示生育或收养的关系。×号表示结婚的关系。♂号表示男性。♀号表示女性。……号表示同辈。

1　生于本宗族者

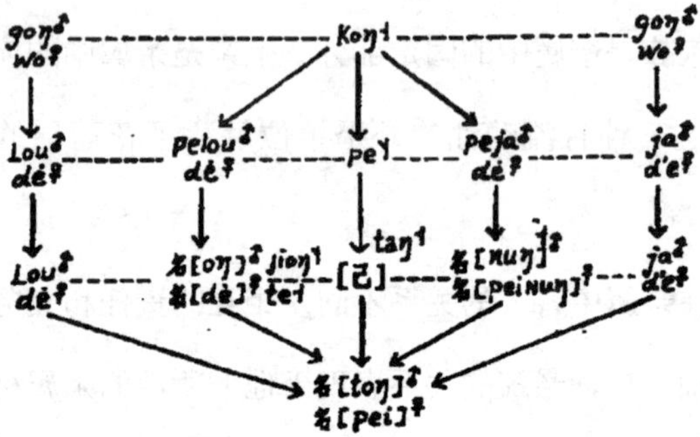

我们虽不知道称谓制度的历史，但是从现有的称谓制度中看去，家庭和宗族已很明显有了分别，这是反映着现有的社会组织中家庭里最基本亦最亲密的团体。父亲的嫡亲兄弟，在结婚前是属于同一家庭组织的，不用lou或jo而加一pe在这些称谓的前面。但是在女性方面却没有这种区别，在他们社会组织中，妇女的地位并没有男子的显著。

在本宗族的亲属中，还有一点值得注意的就是在比己长一辈的及和己同辈在称谓上没有辈分的差别，而只有长幼行序的区分。在丧服中我们曾见到穿孝的包括同辈行序较幼及小辈的亲属，因之我们疑心现有的称谓制度之前曾有一种长幼两分法的制度。长幼两分法是把所有亲属分作两类，一类包括长辈及同辈行序较长者，一类包括小辈及同辈行序较少者。用ja和d'e来称同族的弟妹，我们疑心是借用女儿所用的称谓，是一种后起的变化。

姻亲亲属和宗族亲属的称谓已表现着混合的趋势。在姻亲中特有的称谓只有z'o和n'oŋ两个。这混合的趋势也许是反映着现有社会组织中姻亲和宗亲合成外婚单位的现象。

2　嫁于本宗族之男子（上门的姑爷）

3　嫁于本宗族之女子（媳妇）

4　属于母亲的宗族者

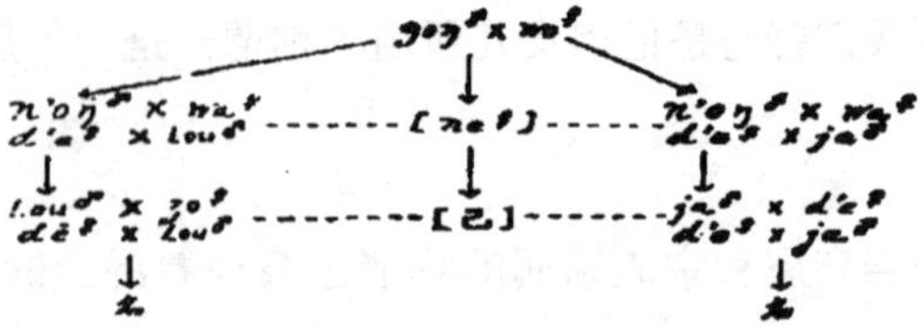

5　属于本人之配偶的家者

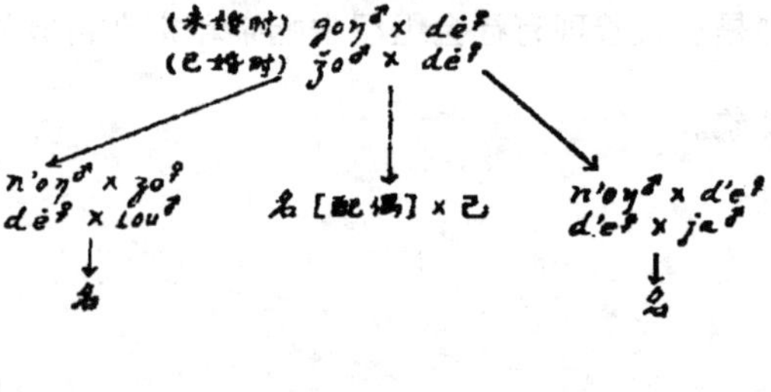

6 娶本宗族之女子为媳者同2

7 娶本宗族之男子为姑爷者同3

花蓝瑶的宗族组织，因人口限制，已没有扩大的可能，但是却有缩小的机会。若是一家没有后代，田地又不多，同族的人又受经济的压迫，就不领养子来承继，把他们的田地并入他家，于是这一宗族就减少了一家。现在在六巷村上一共有六宗，都姓蓝，最大的有八家，最小只有三家。同宗的人都住在一村。一宗族有一族长。族长是以才能为标准，由同宗所拥戴的，并不选举，并非世袭，亦不一定是年纪最老的。凡是见识明白，能为族中断事，肯负责任的，在族中有事时，大家就找他办事，他就自然地成为一族的代表人了。

族长的职务，我们在叙述家庭时已经附带的说过。同宗的各家如有纠纷，好像离婚等事，族长是第一个受理解决的人。他可以不准同族的人离婚，他又可以作要求离婚者的代表去向对方交涉。族里有丧事时，族长要主持排场，招待客人。他亦是一族中最有能力的道师，在生孩子，满月等仪式中，他是重要的角色。若族中有孤儿寡妇，他要负责供养和代办婚嫁等事，还要代他们管理财产，收领养子。

族长要管理一族的公地。花蓝瑶每族都有公地，但是没有水田，水田都属私田。公地上的树木，同族人都能去砍，成材的出卖后，所得的钱分给各家。也有把公地租给汉人，板瑶或山子去造屋或耕种，每年请全族人吃几次酒，或每杀一只猪给多少肉。

每家虽有私田和地，可以自由管理，但是每逢有抵押的必要时，同宗的人有优先权，他不愿意田地流出宗族之外。抵押的规矩是抵押者须在三年之后，才能用钱赎回，并不取利。

姻亲关系在花蓝瑶是很密切的。他们父系和母系并行，所以亲家的关系更近。依他们的风俗，出嫁的女儿或上门儿子婚后到生第一个孩子时，住在自己家里的时候极多。就是生了孩子，也是常常回家。同村的，回家的时候更多。孩子的舅父母也常到外甥家来。岳父家有事时女婿便去帮忙。孩子取名字时，要得到舅父的同意，而且还要送舅父3块钱的重礼，第三天他要来探望孩子，参加道师祭神。离了婚的妇女，若有孩子带回家，便由舅父教养，因为妇女再嫁时不能带孩子去的。在离婚中所得到的赔偿亦归舅父支配。

亲属虽实际上是有规律的团体，但是因为它的流动性，我们不易发现它组织的外形。它的功能并不限于规律婚姻，亲属的团结力极强，逢着发生社会纠纷时，亲属是一个争斗团体，最显著的是在发生械斗的时候。我们在下章还要详述。

第五章　村落

村落是一群家庭同住在一地方而产生的社会组织。但是在花蓝瑶中，村落组织也有相当的血缘基础。同村的人都属同姓。姓若是血缘关系的符号，他们同村的人民，可说是出于同一祖先的了。事实上却并不是这样简单。我们在上章已经说过，当花蓝瑶定居在现在的地域时，他们也许是以同姓的宗族为移民的单位，后来，因为新的处境和旧有同姓不婚的习俗不能调适，所以他们外婚的范围由姓而变成亲属。这样变更之后，姓就失去了它规律婚姻的作用。但是在同村同姓的事实上它却获得新的意义，姓和有地域性的村落组织发生了关系。依我们的分析，甚至凡是由别处搬入的别姓到了一个村落中居住，常在各种方式之下，改姓所住村落人民的姓。在六巷附近从前有一姓相的小村，在几十年前并入了六巷，但是现在六巷已没有姓相的了。

花蓝瑶一共有三个姓：胡、相、蓝；五个村：王桑、门头、古浦、大橙和六巷。王桑、门头的居民姓胡；古浦，大橙的居民姓相；六巷的居民姓蓝。

花蓝瑶的村落在形态上是集中的。瑶山中房屋的分布有两种形态：一种是分散的，一种是集中的。分散的形态就是同属一村的住宅零星地分布在各处，集中的形态就是一村几十家住宅都比邻集中在一个或两个地方。全村的住宅集中在一个地方的可称为单形，分为两个地方的可称为复形。王桑、门头是单形村；六巷、大橙是复形村；古浦有形成复形村的趋势。

村落的形态是受制于住民的作业。耕种山地的，每隔十几年，土地生产能力消耗到没有赢余时，必须另觅耕地，他们的住宅也得跟着迁移，所以不能有永久的村落。而且山地产量少，每家所需的面积大，加上了住宅的移动性，村落的形态不能成为集中的了。花蓝瑶，如我们上文所述，是专耕水田的。水田依靠着较有永久性的灌溉制度，而且灌溉和肥料维持着水田的生产力，不致在短期中消耗完尽，因之耕水田的人可以有永久的住宅，亦因之可以有永久的村址。住宅既不随时随地而迁移，于是他们可以集中居住以进行种种如自卫等需要较多人口的社会事务了。永久集中形的村落亦缘是形成。

但是，同时在这种集中势力的背面，却还有一种分散的势力在活动。这分散的势力中最重要的是工作场所和住宅的距离。这分合的两种势力的平衡，形成了现有花蓝瑶社区的区位组织。我们手上没有详确的统计，所以不能把这区位组织加以详细的描写。但是这问题是值得加以继续研究的。

花蓝瑶的人口在象县政府有一个统计，但是我们并不知道统计是怎样得到的。据我们询问当地各村头目所得到关于各村的家数，却和上述的统计大有出入。

	各村头目自述数	象县政府的家数统计
王桑	14	18
门头	28	67
古浦	11	?
大橙	24	40
六巷	37	63

我们没有机会得到他们的人口确切数，但是他们每家的人数有一定的限制——每代一对夫妇；每户平均以三代计算，一共6人。根据这个数目以估计花蓝瑶的人口，一共114家，当有684人。诸村中以六巷的37家为最多；以古浦11家为最少。

在平均只有130人的村落里，社会分工势必受极大的限制。所以在花蓝瑶的社会中，每家的生活几乎是完全相同的。每家都需要耕地自给。全村的生产总额并没有剩余来供给脱离耕地生活的家庭。实际上就很难发生以耕地以外的职业来谋生的事实。除了六巷之外，其他的村落没有一家商店，也没有一家制作工匠。六巷因为拥有200以上的人口，所以能维持一家由汉人主持的商店，及几家半耕半工的制作工匠。

但是，我们在上章中已叙述过，他们生活的资料并不是完全由一家自给的，所以他们不能不有一种互通有无的制度。货物的缺乏起于两个原因：一是虽有生产，但不够消费；二是根本不生产。在一家需要的消费量超过了他们自己所能生产的时候，他们普通的方法是向邻里亲朋借贷。譬如他们的猪：每家所养的猪在数量上是受制于每家所剩余的食料，普通不能超过两头。但是在需要消费猪肉的时候，如婚、丧、度斋等等，时常自家所养的不足应用，于是就得向亲朋借取。在权利的转移上讲，这是一种借贷的方式。若从整个社会经济机构上来看，是一种私家豢养，公共消费的办法。家庭的单位不能在一时消费一只猪，同时他们又没有以村落为单位的豢养制度，所以发生现在的办法，亦可说是出于人口过少，不能维持一普通的商业制度的适应方式。

不只是货物可以向多余的人家借贷，人工亦可借贷。一家要盖房屋时，自己家里的人工不够用，又没有专门出卖劳力的人，于是在另一种方式之下去得到全村人的帮工了。他们的习俗是由主人请客，把造屋的计划告诉大家，大都在农闲的时节，闲暇的人工就自愿地集中来完成一所房屋。在劳动时，主人预备了饭请做工的人吃，房屋造成了，再杀猪请一次客。

瑶人的借贷是不取利的，实是一种以习俗为保证的保险制度。任何人在需要社会的帮忙时，可以申诉而得到所需。同时，任何人在他人需要帮忙时，凡能力所及的都有出力的义务。这样各个家庭虽然自成一个经济的单位，仍可经营一家能力所及之外的事业，这样形成了花蓝瑶村落的经济结构。

因为他们没有专门化分工组织，各家庭所需及所能，双方都没有悬殊的差别，又因为人口少，所以这种经济和义务的交流中并不需要特殊帮助记忆的媒介物，因之不用货币计算。以造屋为例，每家所需要的房屋在质量双方都是相若，若每20年需要重造一次，则每家在20年中可以收回自己在帮人造屋时所付出的劳动了。

借贷制度之外，他们还有交换制度。这种交换制度多见于他们和汉人的交易中。在上文中我们已说过瑶山中有很多货物根本须依赖山外汉人的供给。汉人在瑶山中贩买货物有两种方法：一种是开设固定的商店，一种是行脚商人。固定的商店是那些汉人在村旁借地造屋，从山外运入货物，囤积在店里，由瑶人去零购。但是要依靠经商来维持一家的生活，因买客的稀少，和销售的迟缓，是不可能的，所以他们一定要经营其他的工作，商业实在只是一种副业。

行脚商人为数较多，他们由山外挑了货物入山，按户兜售。有时，他们以物换物，好像以盐来换取瑶人的兽皮、香菌等。但是买卖双方不一定都有对方愿意接受的物品，譬如木材是瑶山的出口大宗，但是木材商人并不贩盐或其他瑶人所需要的日用品，贩盐及其他日用品的并不愿运木材，于是这种交易中需要一种货币了。这种交易既多是在瑶汉之间，所以他们用汉人的货币——银毫。

汉瑶之间还有一项重要的经济关系，同时又调适着瑶山中的村落组织，就是制作工业。瑶山中既不能有专门的分工制度，在制作技术上没有练习及发达的机会。但是，他们是和制作技术较精的汉人邻居，在日用品上，他们已不能甘心使用粗陋的土产，于是他们除了到山外市集上去购买外，尚有请汉人匠工入山制作的办法。譬如以木桶论，每家需要三个，而每个木桶可用五年计算，全村25家，在五年中只需要75个木桶，这很小的数目自然不能维持一个去做木桶的匠人。他们若到山外去买，运输既不便，木料又比瑶山贵，所以最经济的办法莫若请一个短期的匠人入山制作了。那些汉人的商店时常经营着种种制作工业，好像做鞋子等等。

在花蓝瑶中，惟一的制作工业是做鸟枪的铁匠。但是我们所见只有六巷的一家。门头村民所用的鸟枪是向汉人或板瑶去买来的。六巷那一家铁匠依旧种田；农业是花蓝瑶的主要工作。

花蓝瑶村落虽只有一二百人口，但是要使每一个人都能安全地生活，不发生相互间的冲突，也不能不有一种公守的行为规范，和维持这行为规范的制裁制度。

花蓝瑶的制裁制度是称作“石牌”。石牌的来源是这样：凡逢着社会上有争执时，一地方的老年人便在一个公共场所集会，讨论应当怎样解决这争执。等他们商量出了一个判决之后，这判决就成了以后类似事件的解决法。为了怕大家口说无凭，他们又没有文字可以记录，所以各人用刀在一块石头上打一个印。这是石牌的最早的方式。我们在六巷，古浦，门头三村的交叉路上，还看见这种石牌，在叙述离婚的时候我们已提过。

没有文字的石牌的内容仍只能由记忆来留传，究竟不很方便，所以后来有刻着汉字的石牌了。在六巷至今尚遗留着一块“老石牌”，上面刻着“□光十八年六月廿六日”的字样，依我们的猜想是道光时代所立，当西历1838年。所刻字迹已很模糊，大致是规定不准破坏水沟和不准买卖田地的法律，若是违犯的要罚银若干两。

民国十九年，他们又立了一块新石牌，牌文比较清楚，我们可以抄在下面：

立　字据保卫众村人丁岁在庚午六月初三日起议开会议法律费猪肉六千斤安法治吾村坊奸嫖博赌洋烟主偷盗这非事一切解□各宜照料修身为后但敢某人不尊照料再有行为如何好色非事准十二月罚重十六大元洗罪

　　一条不奸淫

　　二条不偷盗扶秀扶斜　十二扶斜扶全一条八目□□□丁

　　六□头蓝扶芋扶照　　蓝扶所扶义全□政

　　三条不可禁□扶全　瑶目扶太扶全蓝致君手书

　　四条不可偷禾扶照

中华民国十九年六月初三日立此存照

依上抄的石牌看，具名的6个头12个目都是姓蓝，显明这石牌是只限六巷一村，所以我们可以说石牌最小的范围是村落。这6头12目并不包括全村的壮丁，亦不包括每家的家长，所以只是一村中一部分有地位的人所共立。但是事实上参加石牌会议时，却并不限于具名的一部分人，对于所争执的问题有兴趣的人都可参加，都可说话。只是说话最有影响的，肯负责任的只有一部分有地位的“老年人”罢了。他们在没有人反对之下成立了判决，这判决称作石牌规矩。每次开石牌会议时并不都摆酒刻石，普通有任何关于全村的事，瑶头只须呜呜的高呼报告全村人，愿意参加的人就聚在广场上讨论。要逢到有巨宗罚款的时候，才把这罚款买了猪请全村人吃，有余款再刻石。在石牌上所刻的也并不限于这次议决的新法律。他们乘这个机会把他们基本的法律都刻了上去。事实上他们的法律还是存贮在各人的记忆中，石牌不过是一种象征而已。

他们的争执并不都由石牌会议来解决的。石牌会议不过解决争端最后方式的一种。普通，发生争执的当事人只把争端申诉于“石牌头人”，要等当事人不肯接受石牌头人的判决时才召集石牌会议。石牌会议的判决是否有强制的权力要看争执的性质。一种是有强制权力的，包括一切有危害社会或个人的争端；一种是没有强制权力的，包括一切土地界限上的争端。

第一部分中尚可分为轻重两类，要受死刑处决的，和只受罚金处理的。前者包括三种行为：强盗；通汉诱拐；放蛊。

强盗是指强抢人家的财产。在他们所谓强盗的罪名中却包括“偷窃”禾把。我们在上文中已叙述过他们的禾把是散放在田间或露放在离家很远的露台上的，若是对于偷窃禾把没有一种严厉的刑罚，他们重要的食料就失去了保障。

通汉诱拐亦是瑶人所痛恨的。瑶人的势力限于瑶山，瑶山之外住着的是比他们强的汉族。他们一出门实际上受不到汉族法律的保障，武力申诉又不易得胜。山外汉人也利用他们这种弱点，设法诱拐瑶妇，贩卖取利。但是汉人想诱拐瑶妇不能不买通瑶人作内线，这种“瑶奸”若被瑶人发觉了就要受严厉的制裁，不加宽宥。

放蛊是一种巫术，据他们说，“放蛊的人很毒，脸青青的，见了人也不招呼。凡是同他们一同吃东西的，一下喉就变虫。最受害的是牛。曾有一次六巷的牛全都给弄死了”。瑶人发现有放蛊的事实之后，被视为放蛊的人要受死刑。我们没有机会亲见这种放蛊的人和事，也不知道所用之巫术是什么样的，依我们的臆度蛊毒也许是一种传染病，或甚至是一种社会中的心理危机，而且所谓蛊毒也许包括很多不同的疾症。无论如何，这一种“心很毒”的反常者是不能容许在瑶人社会中的。

自从花蓝瑶受编之后，他们不能自由杀人，所有死罪的案件理应交到象县县政府去办理。受编至今为时尚短，花蓝瑶中尚没有发生死罪的案件，所以我们不知道假使发生后，他们是否交到象县政府去，若交去之后，这案件是否依着瑶人的法律办，还是依着广西通行的法律办。这二者并不是相同的，冲突不易避免。

只受罚金处理的罪名，包括：杀人；奸淫；离婚；偷窃。

杀人并不受死刑的处决，被杀的若是男子，则凶手要被罚360元；若是女子，罚240元。这并不是说花蓝瑶可以随意杀人，刚是相反，因为花蓝瑶普通不随意杀人，所以杀人的刑罚较轻。凡是引起杀人的大概有两种原因，一种争风吃醋为爱情而凶杀，一种是社会所公认为解决纠纷最后办法的械斗。这些自己先有了不是，及死者和凶手大家相等的死的可能的情形中杀人的，在他们看来，没有受死刑的理由。但是为了死者的家属所受的损失，所以规定罚金赔偿。

奸淫只限于通奸时被人捉住的，犯奸淫的要罚10多元充公。偷窃，除禾把外，不分轻重，把原物寻回，再罚60元。

凡土地界限的争执等事，石牌只处于仲裁地位。当事人双方谈判不能解决时，就去请教瑶头。瑶头听取了双方的理由，提出一个解决办法。若有一方不愿接受，瑶头就把这事提交石牌会议。这会议有时越出村落范围之外，全瑶山的各村人都派人来参加。若是这种大石牌的议决仍是不能为双方所接受，石牌就声明，“我们办不了，你自己去打罢”。于是双方开始械斗。

发生械斗的原因是家庭间的冲突，因为家庭是土地的所有者，但是争斗活动的团体却是亲属。当石牌宣布械斗后，当事人的亲属就合作起来进攻和守卫。若是一家有亲戚在别村时，时常把他们接去避难。械斗的方法有类于“绑票”。甲乙两家都想法向对方去捉人。捉到对方的人，必须是当事人的家属，亲属不在内，可以任意凌辱，甚至于死。被捉的家人在这时不能不委曲求全去讨人，承认一切条件，纠纷也从此解决。但是捉人时有许多规定：第一，不许捉女人、老人和儿童；第二，在捉时不准用武器；第三，被捉方面可以用武器自卫。双方都想捉人，又都怕被捉，亲属们一方要设计进攻，一方要守卫有被捉危险的壮丁，勾心斗角，有时竟延长至两三年不得解决。

在六巷，我们知道一个实例。甲乙两家因为争地，拒绝一切调解，开始械斗。甲方避到门头亲戚家去，到了两年多，乙家聚了10多个亲属到门头来捉人。这天刚巧甲家的壮丁都出门了，只有一女人和一个孩子在家，他们的亲戚有病蒙着被躺在床上。乙家的人一进门，见没有男子，一时性急，想来捉那女人。那女人大声叫喊，惊醒了那卧病的亲戚。他拿起枪就开，一连打死了三个人。乙家的人不能动武，所以只好白受牺牲地退了出来。

石牌的狭义虽是指那刻着法律的石牌，但是在他们的实际应用中却是指整个的法制和行政制度，甚至指着负行政责任的头目，这些头目他们就称“石牌头人”，或简称“石牌”。头目的产生是由于人民拥戴。村里有了纠纷，当事人相持不决，于是要去请第三者出来说句公道话，这第三者一定要是个“明白人”，他要能记着过去的事例，又要能迎合当时一般人的公意，同时又要是一个肯管别人家事情的人。若是村中有这样一个人，凡是有纠纷，大家去找他时，这人就成了这村的头目。若是他办不了事，说话不明白，当事人不能悦服，就去找旁人，到没有人去请教他时，他就失去了头目的地位了。所以一村中并没有终身或世袭的头目，头目是根据人才，自然选择出来的。同时在村中办事并不是只有一个头目。有能力管事，肯管事，有事给他管的，他就是头目。当头目的并没有薪水。在解决了一件争端，在罚金中他可以拿到一部分，但是为数很小。花蓝瑶中最重要的领袖，普通被称为瑶王的，依然要自己耕地，他的经济生活一些也没有超出于一般情形之上。

自从民国十九年广西省政府颁布了各县苗瑶户编制通则之后，花蓝瑶不久就受编了。每村都有一个由政府名义委任的村长。这村长是由政府依实际领袖加委，或由人民“选举”，因之上述的那种以拥戴为去就的制度受了牵制。幸亏名义上的村长虽有名义，仍没有什么权力来利用这名义。在“户编制度”之外，仍有头目制度。名义村长之外，仍有实际村长。而一切村务的运行，仍靠着他们原有的头目制度。

村落亦是他们的自卫组织。在集中形式的村落，绕村围着石墙或竹篱，晚上把村门关上了，可以防御野兽及敌人的袭击。他们的房屋都没有窗的，据他们所说的理由是在防备敌人由窗里向内开枪。还有人家造了堡垒，四面关断了，可以在高处抵抗敌人。村里逢到有和敌人发生战争的时候，他们通知全村，年幼的孩子，妇女和老年人搬了贵重的财产到山的深处去躲避，少壮的男子都要出来受瑶头指挥作战。他们武器除了佩刀之外，有鸟枪和新式的快枪。民国十三年曾和广西省政府会剿盘踞在山里的土匪，一共把土匪杀死了100多人。那次大剿之后，瑶中从没有受过匪患。

村落之间，发生争执最多的是地界问题，常以械斗为解决的办法，尤其在不同族团的村落间是如此。

每村都有一座或两座庙。很多的村落活动就以庙为中心。庙里所供的神，名目很多。例如在六巷的庙里供着36个神像，神像有注着名字的，我们抄在下面，没有名字的从阙：

由左至右：判官，陈氏大奶，韦金身，龙氏，三官，韦天成，韦金龙，韦明大，韦大师老爷，李杜大王，王官，土主，韦金凤，□，朴氏，五谷，三界，晚雷土中官。

自右至左：判官，□，□，冯信，冯远，盘古皇，九吴，冯雨，吴大郎，□，进官，□，伏羲，冯古，神农，□，王氏二奶，□。

在这些神名中，我们可以看到没有一个是瑶人自己的姓，显然多数是从汉人那里传入。在诸神中最受瑶民信奉的是甘王（疑由右至左第十八）及雷王。甘王相传是个汉人，后来得了法术，成了神仙，有求必应。雷王是司雨的神，每逢天旱就要求他。

平时，每年全村的人民要上庙四次；二月初九，六月初六，七月十四和十二月三十。七月和十二月两次要杀三只猪来祭庙。每次由三家负责，每家各供一猪。每猪至少要有70斤重。祭完了，庙主把猪肉分给各家，他们自己因为管理庙务，每年多得4斤。若是所供的猪比70斤重，余下的由本主带回。这样每逢重要的节期，全村每家都有肉可吃了。

每隔两年，全村各家都要请一次甘王到家。请甘王是在农闲的时候举行。每家请一夜。譬如六巷有37家，每次全村要闹37夜。请甘王时，就把甘王的神像抬出庙，全村游行一次，然后请到家里。全村的男子都穿了道师的装束，跟在甘王后面，甘王由八个人抬着。前面有一个“带神兵”的领导。带神兵的是这种仪式中的主师。他并不是由人民公推，而是由“甘王自己指派的”。据他们说在请甘王的仪式举行之前，若是有人突然生起病来，发狂一般，老是向高处爬，这人是被甘王选派带神兵了。他领着众人在甘王神前跳舞。请甘王到家的主人要预备酒肉请客，一般闹到半夜才散。带神兵的晚上陪着甘王睡。抬轿的可以得到5斤猪肉，道师们24斤。

每隔四五年或两三年，瑶人要请汉人在庙里吹打，他们献祭跳舞。在一切庙会中，女子是不准进庙的，只能站在空场中看热闹。

第六章　族团及族团间的关系

我们以上所叙述的是以花蓝瑶为范围的，因为花蓝瑶的人民有相同的言语和文化，自认为出于一源，具有团体意识，并且在相当例外之下实行内婚。这种团体相当于史禄国教授 Prof. S. M. Shirokogoroff 所谓 ethnical unit。Ethnical unit 我们可译作族团。族团是以文化，语言，团体意识，及内婚范围为基础而形成的团体，但是文化，语言，团体意识及内婚范围是流动的，永远在变迁之中，它们的变迁是以族团间的关系为枢纽。史教授曾以两种动向来解释这种变迁：一是向心动向，一是离心动向。在一族团所受外族压力强烈时，向心动向较胜于离心动向，则内部的文化和语言趋于统一，团体意识增强，内婚范围显明，因为这样才能增进该族团的向外抗力，以维持原有的族团间的关系网。在外在压力减轻时，离心动向渐趋强烈，内部文化，语言，团体意识及内婚范围，因处境殊异，而发生分离状态，至其极，导致旧有族团的分裂，新族团的形成。事实上，因族团间关系不易达到一个平衡的状态，固定的族团单位很少成立，我们所能观察的只是在族团关系网中，族团单位分合的历程而已，这样的历程史教授称作 ethnos（详论见史教授所著 *Psycho-mental Complex of Tungus*，1936，第一章）。

若从族团分合的历程上来观察花蓝瑶的处境，我们又得到了很多可以叙述的事实。但是在叙述族团分合的历程时，我们不能不观察到和花蓝瑶有关的其他族团。

和花蓝瑶因地理上的比邻而相互发生关系的族团，有汉人、坳瑶、茶山瑶、滴水花蓝瑶（这是在滴水地方的花蓝瑶，虽然名目上和我们所叙述的花蓝瑶相同，而且也许在历史上有很密切的关系，但是在文化，言语上已不相同，他们互相不认为同属一个族团，亦不通婚，所以我们加上滴水二字以资分别）、板瑶和山子。

花蓝瑶、坳瑶、茶山瑶、滴水花蓝瑶、板瑶和山子都自称是瑶人。他们的来源并不相同。譬如花蓝瑶自称来自贵州，板瑶却自称来自东方。他们的文化，语言随处有异，但是有一端是相同的，就是和汉人对抗。在和汉人对抗下，他们诸族团间发生了一种向心动向，这动向若推行到底就把他们的文化，语言统一，使他们忘却各个别的族名，而互相通婚，在这情形之下“瑶族”才正式成为一个族团的名字。在上述的六个单位中，山子在名称上还没有显明的加上瑶字，虽则在汉人的口中我们听见过山子瑶的称呼，但是事实上山子瑶的名称还没有完全成立。这是可见这向心动向还是很弱。

这种形成“瑶族”的向心动向是起于汉族的压力。

汉族对于这许多非汉族团的压迫已有很长的历史。在这里我们并不想把这很长的历史加以详述。单从他们传统的仇汉心理，已经足以见到他们的祖先所受汉族的压力了。但是自从他们定居于现在大藤瑶山的区域以来，和汉人已获得相当族团间的调适。这调适状态的表示就是花蓝瑶几百年来在文化及土地上所呈现着的平静形势。我们若去分析这调适的条件，最显著的是人口的停滞和降落。板瑶和山子的人口情形我们下面还要解释，其他四个有人口限制习俗的族团，人口停滞和降落是很明白的事实。以我们所调查的花蓝瑶为例，在他们记忆中还保留着人口降落的实数。

	现有家数	入山时的家数	减少数目
王桑	14	23	9
门头	28	42	14
古浦	11	21	10
大橙	24	32	8

续表

	现有家数	入山时的家数	减少数目
六巷	37	60	23
总计	114	178	64

据他们说，入山至今大约有30代，每代以20年计算，一共只有600年。在这600年中，他们的人口一共减少了原有总数的35%。人口降落的机构我们在上文中已讲过，造成这事实的重要原因是在土地的无由扩张，这可以说是一种消极的适应。在这种消极的适应之下，他们可以不必去和强族争抗以扩张土地来维持他们的文化水准了。

瑶汉关系的调适的条件，一方固然在瑶人方面，但是瑶人单方面的让步是不够的，所以我们还得顾到汉人方面的情形。我们虽没有详细调查邻近汉人的人口密度和土地生产力，但是就我们所得的印象言，觉得在汉人居住区域中像瑶区一般地理状态下的土地尚没有加以利用。在这情形下，入山来和瑶人争地似乎不很经济。但是，最近这调适的状态已发生了摇动。在板瑶区域的黄黔村已发生很严重的汉瑶争地的事件，同时汉人入山耕地的不但常见于板瑶地域，而且花蓝瑶及坳瑶区域中亦常见。我们问他们为什么入山耕地，他们回答是“山外地太少了，这里还可以开田”。这种谈话，比统计更直接可以见到汉瑶人口土地比例相对情形了。

在族团间关系比较平衡调适的时节，合作的关系常较冲突的关系为显著。合作关系中最易见到的是经济上的交易。瑶人，如我们所述的花蓝瑶，经济上虽近于自足，但是有许多东西是仰给于山外的。而且汉人生产技术较为发达，生产的费用较省，出品质地较优，常使瑶人仰给汉人的日用品增加，譬如布匹，瑶人文化中本有自织的技术，但是因输入品的便宜，已使很多地方的瑶人，例如六巷，购用汉人所织的布匹。此外，因汉人文化较高，在汉瑶接触中，使瑶人见到许多喜用而自己不会制造的日用品，好像鞋、木桶之类。在与日俱增的通商中，汉瑶已不能维持隔绝的形势，反之，他们实已发生分工交易的关系了。瑶人要用汉货，不能不输出土产，大宗是木材和自然的采集物。

由通商的关系上，瑶人需要很多文化上的新调适，最明显的是要学语言，文字来做交往的媒介。在目前，花蓝瑶的男子几乎都能听及讲日用的邻近区域的汉语。而且还有少数的人能看及写汉字。要维持交易，在瑶山中不能不维持着相当数目的汉商，和传授语言，文字及其他必需知识的“老师”。这种老师是由瑶人自己拿钱来请的，除了供给膳宿之外，还要给相当金钱上的酬报。

族团关系的网络不但联结着邻近的单位，就是地理上不相连接的族团也会发生强烈的影响。我们要了解汉瑶关系的近态和趋势，不能不顾到汉族的处境。汉族在近百年来所受外族的压力日益增大，这压力的增加，不免发生强烈的向心力，不但在汉族的内部在语言，文化，意识逐渐统一，而且使汉族对许多被它包围着的非汉族团采取强烈的同化作用。在瑶山中我们就可以看到这种作用的明显表示。这作用在瑶人口中称作“开化我们”，在汉族方面，以广西省政府所代表的，称作“特种民族的教育问题”。所谓“开化我们”和“特种民族的教育”不过是汉化过程的两方面的看法，其实就是汉族同化瑶人，使瑶人不再成为许多独立的族团而成为汉族的一部分，就是汉族间的向心动向所引起的现象。这汉化过程所采取的步骤有两方面：一方面是行政上的“编户”，一方面是文化上的“教育”。编户就是行政上把瑶区编入和汉区同一的系统中，受省政府的节制，教育是输入汉族的文字和文化。

在这过程之下，瑶人逢着了一个新的局面，汉族已结束了以前“互不侵犯”的态度，开始在文化上予以一种强烈的侵入。这是和两个族团因人口或土地问题所引起的冲突不同，这不能视着普通族团间的冲突，而是一个由外族压力下所产生诸族团并合成一族团的向心动向所引起的语言，文化，意识等各方面统一的现象。但是如我们以上所述，瑶人并不是同属一个族团，“瑶族”至今尚未成立，而且许多非汉族团所处的境地不同，对于汉化的反应自然不会一律，在叙述他们不同的反应之先，我们不能不先把在大藤瑶山中的诸族的关系一述。

在大藤瑶山中的诸族团，入山的时间有先后的不同，先入山的占据了这区域，成了这瑶山的地主，后入山的因为该地已经被人占据，于是成了租地生活的佃户。我们不知道瑶山的详细历史，尤其关于诸族团移殖时的情形，但是依据现在汉人个别入山租田的情形中，使我们猜想这辈现在瑶山中做佃户的诸族团当他们移入时是出于很小的单位，所以他们不能和已有组织的地主族团争瑶山的地权。

地主族团是包括花蓝瑶、坳瑶、茶山瑶和滴水花蓝瑶。他们因为经济地位的相似，不但有平等的地位，而且有一种形成一个族团的动向，他们有一共同的名称作“长毛”。“长毛”依他们解释是因为他们的男子都留着头发的原因，实际上就等于说“地主”。但是这四个地主族团，因言语及文化上的殊异，离心动向甚于向心动向，所以至今长毛还不能成为一个族团。在团体意识及内婚范围上却已呈沟通的形势。

这四个长毛族团，因为利益相同，很早在族团间就有一种联盟的组织。在清朝时，因为有汉人的盗匪盘踞山内，他们曾协助政府把盗匪肃清，名义上受清朝的封号，组织成四个团练，用团总所在地作名称——六巷，罗香，金秀和滴水。六巷是花蓝，罗香是坳瑶，金秀是茶山及滴水是花蓝。这四个团练各有团总一人，四个团总中以最能干的做首领。在行政上这四个长毛族团已取得极密切的联络，而且有重要的事，就举行大石牌。大石牌是包括四团的头目，70多村，一百几十人。在去年，因广西政府推行特种民族教育政策，他们曾召集过这种会议。

在瑶山中当佃户的有板瑶和山子及少数汉人。他们在团练的组织里是没有地位的，但是板瑶和山子因人数较多，而且文化，语言的特异，团体意识的存在，亦自成为族团。这些经济地位相同的族团，和“长毛”相对，亦有专门的名称就是“过山瑶”。过山瑶不能有土地权，而且所耕的都是山地，没有水田，因之不易有集中和永久的村落。他们用容易迁移的竹料造屋，分散在各地，在自卫上处于不利地位。长毛握着土地权，随时可以收回土地，所以过山瑶的经济基础永远不能稳固。他们每年要向长毛纳租和服役，在他们的收获中要分一部分给长毛，加以所耕的是山地，所以生活程度较之长毛自然低落了。在这种殊异的状态下，长毛和过山瑶在心理上也有很大的差别。长毛是积极，负责，而且倔强；过山瑶是听命，服从而且能忍耐。过山瑶的那种心理对于他们的生存有很大的价值。事实上他们是常受长毛欺侮的。我们曾知道两件事，第一件是一个长毛强奸了板瑶的妇女，给丈夫撞见了，反而惹动了长毛的忿怒，加以殴打，要他退租，后来还是那板瑶求了情，才算了事。第二件是板瑶因很平常的事，在言语上触怒了一个长毛，结果赔了一笔款子。他们没有力量来反抗长毛，所以只有养成一种顺服听命的心理。这心理对于他们的文化有很大的影响。板瑶没有限制人口的习俗，他们是听命的。他们宁愿有很高的婴孩死亡率和很低的生活程度，不愿接受人口限制的习俗。但是他们的勤劳和耐苦，及逐渐增加的人口数量却给长毛一种很严重的压力。长毛出租土地的数量逐渐增加，甚至有的把水田都租给他们。这是新近的事实，我们知道六巷有一个例子，有一个男子，离了婚，没有子女，也不再娶，把所有的田地都批给了板瑶，每年坐收1000斤谷子的租。长毛族团若露示任何弱点，这辈过山瑶就不放松的侵入了一步。自从广西省政府推行了特种民族教育政策之后，情形更加复杂了。

过山瑶永远没有忘记，他们是没有土地，也永远在希望有一天他们能耕自己所有的土地。他们在族团的关系网络中，明白除非他们能得到汉族的助力，这希望不易达到，所以他们对于汉族的同化运动是欢迎的。就是在清朝，他们的男子已跟着留辫子，到了民国，又跟着剪辫子。在他们男子的服饰上已极端汉化。广西省政府的特种民族教育在板瑶区域也一往无阻的顺利进行，非但儿童入学，成年的也愿学习汉文。而且，现在所输入的汉族思想是民族平等，耕者有其田等等概念。正合他们的需要。从“特种民族教育”中，他们希望着有解决他们土地问题的一天。事实上，目前他们已开始收回土地权及抗租运动，和长毛冲突的时候，已经不远了。

长毛对于汉族文化本来没有反抗的必要，就是在“特种民族教育”政策推行之前，他们已自动地请老师来教汉文和输入汉族文化，但是“特种民族教育”和瑶山土地问题发生关系之后，情形却不同了。长毛在现有状态之下是处于有利地位，他们不愿有任何不利于他们的变迁。他们要维持地主的地位。曾有一个长毛向我们说：“哼，板瑶——板瑶怎样能有田——做他。”板瑶要有田，在长毛瑶看来是不可能的。

在这种情形之下，长毛自然不能不考虑到“开化我们”会引起的结果。究竟“特种民族教育”和土地问题有什么关系呢？各人的处境不同，各人的眼光不同，考虑的结论自然也不同。为了这问题，长毛在去年就召集了一个大石牌。茶山瑶是大藤瑶山中最富有，人口最多，能力最足的族团，自信力也强，他们对于“开化我们”认为是不必要的。“我们不要开化”。于是他们拒绝受编，拒绝开学校，并且进行联络坳瑶和花蓝瑶破坏过山瑶区域中政府所立的学校。花蓝瑶和坳瑶和汉族往来较多，而且实力较弱，认为拒绝开化所引起汉瑶间的裂痕对于瑶人是不利的。同时，他们认为特种民族教育中，并不包含解决瑶山土地问题的意义，他们不同意茶山瑶的态度，且很快的受编了。

大石牌会议不但没有得到四个长毛族团的一致行动，反而发生了内部的分歧。甚至于同一族团中也起了裂痕。最初是门头村的花蓝瑶用武力解散了附近的板瑶学校，拆毁了校舍，而且声称凡是要读书的板瑶不准耕他们的地。于是引起了汉瑶间的冲突。政府派人来干涉他们的行动，别村的花蓝瑶也不满意门头瑶人的单独行动。在这双重压迫下，门头的花蓝瑶就停止了他们的活动。

茶山瑶却没有受到门头花蓝瑶所受的内外双方的压迫，所以还企图着以武力来贯彻他们的主张。他们要出兵来攻击“附汉”的坳瑶。“附汉”是叛徒，违反了传统的石牌规矩。坳瑶于是申诉于政府，要求实力的保障，所以并不改变他们的态度。这一种冲突正在酝酿中。

在上述的情形中，我们可以见到一个很复杂的族团间的关系网络。在这种网络中族团单位永远是在流动中。但是依现有状态而论，比较明显的族团单位，以言语，文化，团体意识，内婚范围为区别的基础，是花蓝、坳瑶、茶山、滴水花蓝、板瑶、山子等名称所包括的团体。这些族团间因经济地位的相同和相异，又发生了一种向心动向，有形成所谓“长毛瑶族”及“过山瑶族”的可能。若是汉族向他们的压力增加，长毛和过山间又可发生一种向心动向以形成一整个的“瑶族”。但是因汉族受外族的压力，在形成一更大的“中华民族”的向心动向下，对于诸瑶族团采取了很强的同化作用。这作用所引起诸族团的反应，因处境的特异亦不一致，但是有一点是无疑的，就是在这同化作用之下，诸族团原有的文化遗产及其社会组织在最近的将来会发生激烈的变化。这个变化正是民族学最好的研究题材，而我们希望我们在本书中所叙述的社会组织能作以后研究者的根据。

编后记

我完全没有预想到这一本《花蓝瑶社会组织》的专刊是会在我半麻木的心情中编成的。同惠死后，我曾打定主意把我们两人一同埋葬在瑶山里，但是不知老天存什么心，屡次把我从死中拖出来，一直到现在，正似一个自己打不醒的噩梦！虽则现在离我们分手的日子已经多过了我们那一段短促的结婚生活，但是一闭眼，一切可怕的事，还好像就在目前，我还是没有力量来追述这事的经过。愿我的朋友们原谅我，让这一幕悲剧在人间沉没了罢。

我拖着半残废的身体，拖着我爱妻的尸首，从瑶山里出来，“为什么我们到瑶山去呢?”我要回答这问题。

我们是两个学生，是念社会学的学生。现在中国念社会学的学生免不了有一种苦闷。这种苦闷有两方面：一是苦于在书本上，在课堂里，得不到认识中国社会的机会；一是关于现在一般论中国社会的人缺乏正确观念，不去认识，话愈多而视听愈乱。我和同惠常在这苦闷中讨论，因为我们已受了相当社会学理论的训练，觉得我们应当走到实地里去，希望能为一般受着同样苦闷的人找一条出路，换言之，想为研究社会的人提供一个观点，为要认识中国社会的人贡献一点材料。

我们所要贡献的是什么观点呢？简单说来，就是我们认为文化组织中各部分间具有微妙的搭配，在这搭配中的各部分并没有自身的价值，只有在这搭配里才有它的功能，所以要批评文化的任何部分，不能不先理清这个网络，认识它们所有相对的功能，然后才能拾得要处。这一种似乎很抽象的话，却正是处于目前中国文化激变中的人所最易忽略的。现在所有种种社会运动，老实说，是在拆搭配。旧有的搭配因处境的变迁固然要拆解重搭，但是拆的目的是在重搭，拆了要搭得拢才对。拆时自然该看一看所拆的件头在整个机构中有什么功能，拆了有什么可以配得上。大轮船的确快，在水滩上搁了浅，却比什么都难动。

当然谁也不能否认现在中国人生活太苦，病那末重，谁都有些手忙脚乱。其实这痛苦的由来是在整个文化的处境变迁，并不是任何一个部分都有意作怪。你激动了感情，那一部分应该打倒，那一部分必须拆毁，但是愈是一部分一部分的打倒，一部分一部分的拆毁，这整个的机械却愈来愈是周转不灵，生活也愈是不可终日。在我们看来，上述的一个观点似乎是很需要的了。在这观点下，谩骂要变成体恤，感情要变成理智，盲动要变成计划。我们亦明白要等研究清楚才动手，似乎太慢太迂，但是有病求艾，若是中国文化有再度调适的一天，这一个观念是不能不有的。

这一个观点是我们从书本上获得，从老师们的口中传授，从我们有限的观察中证实，而且由我们的判断中认为至少是一个研究文化，认识中国社会最好的工具。但是我们亦明白要把这观点贡献给人家，给人家采用，抽象的说明是没有用的，只有由我们自身作则，做一个实例。树立一个实例证明了这种观点的用处，自然会使人家共同乐用。谁不想改造中国，又谁不想要明了一些实况？一个观点证明有用时，谁不愿采取。

但是一个生长在某一文化中的人，好像鱼在水中，很不容易得到一个客观的态度。在研究自己的心理状态时，自省法最是难用，所以“结构派”的学者要练习参禅般的受严格训练。

研究本身的文化亦是须要一番训练。训练的方法就是多观察几个和自身不同的文化结构。譬如说：一个生长在100年前中国文化的人，根本就不会对“孝”字发生问题，于是根本就不会懂得“孝”在文化中真正的作用。“由之”的是不会“知之”的。若是这时有机会到澳洲去看见有一种土人到父母年老时就杀了来充饥时，“孝”的意义和方式自然地成了问题，有要求解答的机会了。因之我们觉得要研究和批评中国文化的人，最好多得到一些比较的材料。

还有一种研究中国文化的困难，就是它的复杂性，不但地域上有不同文化形式的存在，就是在一个形式中，内容亦极错综。

又正值激变之中，若不受相当训练，一时极难着手。在这种种困难之下，使我们想到边境上比较简单的社区中去，开始我们的工作。

同时，边境社区的研究材料本身是认识中国文化的一部分极重的材料。现在遗留在边境上的非汉族团，他们的文化结构，并不是和我们汉族本部文化毫不相关的。他们不但保存着我们历史的人民和文化，而且，即在目前，在族团的接触中相互发生极深刻的影响。这里供给着不单是民族学的材料，亦是社会史的一个门径。至于这些材料对于实际边疆问题的重要性，更不待我们申说了。

这时，刚好广西省政府有研究“特种民族”的需要，所以我们就决定结了婚同去。在文化研究中，女子有许多特殊方便的地方。这是人情之常，觉得女子是不可畏，而且容易亲近的。文化研究需要亲切的观察，女子常能得到男子所调查不到的材料。虽则明知女子在生活上会受到比男子更困苦的遭遇，但是我们为这一点雄心所驱，决定不顾一切的走入了瑶山。

我们在瑶山中的工作，真使人兴奋，我们已忘却了一切生活上的困苦，夜卧土屋，日吃淡饭，但是我们有希望，有成绩。一直到我们遇难，一死一伤，三个月中，我们老是在极快乐的工作中过活。在遇难前一日，我的妻还是笑着向我说：“我们出去了会追慕现在的生活的。”

本来，任何事业不能不以勇敢者的生命来作基础的。传说烧一窑瓷器，也得抛一个小孩在里面。我妻的死，在我私人的立场之外来看，并不能作为一件太悲惨的事。人孰无死，尼采所谓，只怕死不以其时。同惠可以无愧此一生，我只是羡慕她。

我在此也得附带声明，瑶山并不都是陷阱，更不是一个可怕的地狱。瑶山是充满着友爱的桃源！我们的不幸，是我们自己的失误，所以希望我们这次不幸并不成为他人“前车之鉴”，使大家裹足不前。我们只希望同情于我们的朋友能不住地在这道路上走，使中国文化能得到一个正确的路径。

我既不死，朋友们一路把我接了出来。我为了同惠的爱，为了朋友的期望，在我伤情略愈，可以起坐的时候，我就开始根据同惠在瑶山所搜集的材料编这一本研究专刊。这一点决不足报答同惠的万一，我相信，她是爱我，不期望着报答的，所以这只是想略慰我心，使我稍轻自己的罪孽罢了。

我相信同惠一定能原谅我，要我在这个哭笑不是的心境里，在这个颠沛流离的旅途中，写成一个满意的报告，是不可能的。只是为我私人的原因，所以把它发刊行世，恕我这一种仓忙紊乱的笔调。

本刊的前三章是在广州柔济医院的病房中写成的，我要感谢我的二姊，她不但替我照顾了医事，还给我写作的鼓励。我伤愈后本应即刻去安葬同惠，幸亏有华节的帮忙，替我负责办理了我这一桩最不敢亲视的怕事。又因他能替我办理葬事，使我可以回沪再治我余伤，及整理这部未完的稿子。在船上，在亲戚的客房中，我又写下了第四第五两章。在上海我遇见了老友薛君文雄，靠了他，我能把印刷这书的事务交出，独自返平。在北平，我得到了师友的安慰和督促，使我有勇气把全稿结束，我应特别感谢我的老师吴文藻先生，他不但自始至终协助及指导我们的工作，并以最真挚的同情来恢复我重入人世的勇气。他更为我写这本书的导言。没有他，我相信，这一本书不会有写成的机会的。

1936年6月，北平

附录一　导言

吴文藻

这是一本广西象县东南乡花蓝瑶社会组织研究专刊，可以说是用我们所谓"功能法"来实地考察一个非汉族团的文化的某一方面的一点收获。这种工作，我们曾用一个新名词来表述，称作"社区研究"。我们虽已屡次作文阐述社区研究的意义和功用[①]，介绍社区研究

①吴文藻，《现代社区实地研究的意义和功用》，《北平晨报》1935年1月9日《社会研究》第66期。

的近今趋势[①]，并且还讨论社区研究的实行计划[②]，但常苦于没有这种专门研究专刊的实例，可以贡献给对于社区研究有兴趣的同志。现在王同惠女士费了她的生命给我们立下了社区研究的基石，给我们留下了一个宝贵的成就，社区研究有了这一实例，将来继续工作自然比较容易了。我自然极愿意在这专刊之前作这一导言，一则代编者追述使他痛心的研究经过，并且借此机会把上述几篇关于社区研究的文字，择要录下，以备读者的参考，再愿略述非汉族团的调查和研究对于我们国家前途的重要性。

① 吴文藻，《社区的意义与社区研究的近今趋势》，《社会学刊》，第5卷第1期，第7—20页。

② 吴文藻，《中国社区研究计划的商榷》，天津《益世报》1936年5月6日《社会研究》复刊第1期。

一

我得识王同惠女士，是在民国二十三年的秋季，我的“文化人类学”的班里。二十四年春她又上了我的“家族制度”班。从她在班里所写的报告和论文，以及课外和我的谈话里，我发现她是一个肯用思想，而且是对于学问发生了真正兴趣的青年。等到我们接触多了以后，我更发现她不但思想超越，为学勤奋，而且在语言上又有绝对的天才，她在我班里曾译过许让神父（Le P. L. Schram）所著的《甘肃土人的婚姻》一书（译稿在蜜月中整理完成）；那时她的法文还不过有三年程度，这成绩真是可以使人惊异。

民国二十四年八月，她和费孝通由志同道合的同学，进而结为终身同工的伴侣。我们都为他们欢喜，以为这种婚姻，最理想，最美满。他们在蜜月中便应广西省政府的特约出发去研究“特种民族”。行前我们有过多次谈话，大家都是很热烈，很兴奋。我们都认为要充分了解中国，必须研究中国全部，包括许多非汉民族在内，如能从非汉民族的社会生活上，先下手研究，则回到汉族本部时，必可有较客观的观点，同时这种国内不同的社区类型的比较，于了解民族文化上有极大的用处，我们互相珍重勉励着便分手了。行后常常得到他们的《桂行通讯》和报告，字里行间充满了快乐，勇敢，新颖，惊奇的印象，读完了总使我兴奋。社会人类学在中国还是一门正在萌芽的学问，一向没有引起国内学者的注意。我自己数年来在悄悄地埋头研究，常有独学无友，孤陋寡闻之感。这一对“能说能做”的小夫妻，真鼓起了我不少勇气。

他们是9月18日到广西的南宁，当即开始和省政府接洽研究方案，并且就在当地测量特种民族教育师资训练所的苗瑶学生的体质。双十节到了象县，又进行人体测量工作，18日开始入大藤瑶山。因为社区研究需要较长时期住定的实地观察，而体质测量又不能不到各村去就地工作，所以由王桑，过门头，到六巷之后，同惠就住下专门担任社会组织的研究，而孝通则分访各村从事测量工作。11月24日他们离开花蓝瑶区域到坳瑶区域的古陈。本来，依他们的计划在坳瑶工作一月，可以到金秀的茶山瑶区域，预计到本年2月可以把大藤瑶山的长毛瑶研究完毕。此后同惠便回到北平，继续在燕京大学做研究工作。谁料竟在12月由古陈赴罗运的道上发生了惨剧。

由古陈至罗运的一段山路，极其曲折险峻，而和他们同行的向导，又先行不候，以致他们走迷了路，误入一带竹林之中。林中阴黑，他们摸索着走近一片竹篱，有一似门的设备。以为是已到了近村，孝通入内探身视察，不料那是一个瑶人设下的虎阱！机关一踏，木石齐下，把孝通压住。在万千惊乱之中，同惠奋不顾身的把石块逐一移开，但孝通足部已受重伤，不能起立。同惠又赶紧出林呼援。临行她还再三的安慰孝通，便匆匆的走了。她从此一去不返，孝通独自在荒林寒夜中痛苦战栗地过了一夜。次日天刚破晓，便忍痛向外爬行，至薄暮时分，才遇见瑶人，负返邻村。孝通一面住下，一面恳请瑶人四出搜寻，到第七天才在急流的山涧中，发现了同惠的遗体。她已为工作牺牲了，距她与孝通结婚之期才 108 日。

我们正在北平盼望他们工作圆满成功回来的时候，突然接到这不幸的消息，使我精神上受了重大的打击。我不但不知道所以慰孝通，也不知所以自慰。我们这些幼稚的子民，正在努力的从各方面来救护这衰颓的祖国，这一支从社会人类学阵线上出发的生力军，刚刚临阵，便遭天厄，怎能不使人为工作灰心，为祖国绝望？

孝通真镇定，真勇敢，他在给我的信末说：“同惠既为我而死，我不能尽保护之职，理当殉节；但屡次求死不果，当系同惠在天之灵，尚欲留我之生以尽未了之责，兹当勉力视息人间，以身许国，使同惠之名，永垂不朽。”这几句话何等沉痛，何等正大，又何等理智？读信至此，使我忍不住流下了悲哀钦佩的热泪。

同惠是死了，在研究民族社会生活中，女考察员的地位，是极重要的，因为家庭内部生活的种种，是必须由女考察员来做局内的研究。同惠是现在中国做民族考察研究的第一个女子，而且在瑶山的考察中，她充分发挥了语言的天才，她竟为研究而牺牲了，后起尚未有人，这损失是不能计算的。

同惠是死了，然而孝通还在她的永远的灵感中活着，我们这一班研究社会人类学的人，也要在她永远的灵感中继续奋斗，并希望这灵感能鼓舞起无数青年，来加入，来填满这社会人类学的阵线。

现在孝通已经在病床上，在旅行中，把同惠所得关于研究花蓝瑶社会组织的材料，整理成篇，贡献于读者。我愿意读者能珍视这一点收获，因为这是一个青年用性命换来的成绩。

二

在这专刊的本身，编者因为行文的严谨，限于叙述性质，对于社区研究的意义没有阐发，但是为了普通读者的方便起见，我愿意在导言中代为一述。

在没有谈到社区研究以前，先将社区研究的意义稍加解释。社区一词是英文community的译名，在这里是和“社会”相对而称的。我们要从社区着眼，来观察社会，了解社会，所以造出这个新名词，用新名词有一个好处，即不致被人附会。简单说，社会是描述集合生活的抽象概念，是一切复杂的社会关系全部体系之总称；而社区乃是一地人民实际生活的具体表词，有实质的基础，自然容易加以观察和叙述。在社会学文献中，这两个名词当然还有许多别种用法，但是在这里，都是专以上述的分别为标准的。

社区既指一地人民的实际生活而言，至少包括下列三个要素：（一）人民；（二）人民所居处的地域；（三）人民生活的方式，或是文化。

社会组织是社区第三要素，即是文化中的一部分。文化是社区研究的核心，文化最简单的定义可说是某一社区内居民所形成的生活方式；所谓生活方式系指居民在其生活各方面活动的结果形成的一定结构，文化也可以说是一个民族应付环境——物质的、概念的、社会的和精神的环境——的总成绩。文化可以分为四方面：一、物质文化，是顺应物质环境的结果；二、象征文化，或称"语言文字"，系表示动作或传递思想的媒介；三、社会文化，亦可简称"社会组织"，其作用在于调适人与人之间的关系，乃应付社会环境的结果；四、精神文化，有时仅称为"宗教"，其实还有美术，科学与哲学，也须包括在内，因为他们同是应付精神环境的产品。

这样的分法，完全是为了解剖文化而拟定的，并不就是文化实体本身。实际上，文化是一个有机的整体，发生作用时不是局部的，乃是全部的，当然不容加以人为的机械的分割。文化实体固然是整个的，但是为了研究的方便起见，我们又不能不从这个复杂整体中之某一局部，例如物质文化，语言文字，社会组织，宗教美术之类，来做一方面的研究，以观察其间的相互关系。譬如本专刊是以社会组织为轨迹的，它一方面要顾到社会组织和物质条件，语文，以及宗教等观念界的纵横错综的关系，一面亦须描述社会组织和人口与土地相互影响的实况。选择一个代表区域，只取社会文化的某一方面，来做整个的，精密的观察，乃是社区研究上较好的入手方法。

社区本是文化在时间上和地域上的一个历史的和地

理的范围，大体是就文化的地域性言，文化一面固有其地域性，一面尚有其时间性的认识，较之地域性的认识尤为重要，因为文化原为历史的产物。社区生活如果离开了时代背景就无法了解。我们所说的社区研究特别着重由实地观察入手，因而这社区必须是现代社区，所以说社区研究乃是现代社区的实地研究。

直接观察社区，有两种说法：一是社会调查，一是社会学研究。二者的目的和方法是不同的。社会调查大都以叙述社区实况为主体，对于事实存在的原因，以及社区各部相关的意义，是不加深究的。社会学研究，则不但要描写事实，记录事实，还要说明事实，解释事实。所以我们也可以说社会调查只是社会生活的见闻和搜集，而社会学研究乃是依据事实的考察，来证验社会学的理论，或“试用的假设”的。

社会调查家叙述事实的范围，大都限于一社区内的物质状况，例如实业，工资，居住卫生，生活程度之类。至于该社区所流行的传统，标准，价值，意见，以及信仰等，多置之不问。而社会学家考察一社区时，除了描写经济生活和技术制度之外，还要关心民风，礼俗，典章，制度，以及民族的精神和理想。他们尤重视各部分间的连锁关系，以及部分与整体间所有的有机关系或交感历程。

我们所说的社会学研究法，主要的就是功能方法论。这种方法论的主旨，乃是“以实地研究始，而以实地研究终”；“理论必须根据事实，事实必须符合理论”。在实地研究以试验这方法论时，应注意的纲领如下：

一、在一个特殊社区之内，社会生活的各方面都密切的相互关联而成一个整体。在研究任何一方面时，必须研究其他各方面的关系。因此，研究一个社会中的经济生活，若不同时考虑它和家族或氏族组织，宗教，以及社会制裁等的相互关系，就不能完全明了它的经济方面。这样就是说，每一种社会活动，都有它的功能，而且只在发现它的功能时，才能了解它的意义。在研究任何“风俗”或“信仰”的功能时，必须把社区看做一个统一的体系，然后来定它在这整个社会生活中所占的地位。

二、一个社区的社会生活基础，便是一个特殊的社会结构，亦就是由个人联成为一个集体的一组社会关系，所以社会的绵续，社会生活的绵续，必须依赖社会结构的绵续。

三、社会功能和社会结构二者合并起来，就是社会体系。这概念包含两方面，一方面是外界的适应。社会体系乃是一个结构，其中含有某数量的人口，在一个特殊自然环境中，获得他们的物质需要的供给；另一方面是内部的完整。社会体系靠着个人利益的和谐联合与调适而将各个人连成一体。社会组织就是这个完整的产物，或说它的本身就是这个完整。任何社会活动的功能，就是它对于适应或完整的贡献。

在此不妨附带声明一点。就是：根据实地观察的社会学研究法与根据文献档案的历史研究法，二者是相成的。有重大的科学价值的社会学研究，必须是一个时间上的研究。因为可由观察得到的一切社会现象，总是历史上演变而来的结果。例如我们研究眼前中国某一区内的亲族制度，我们决不能忽略了这制度在过去数千年来发展的大势，也不能漠视这制度在该社区内有关历史地理背景的题材。又如欲实地考察民风礼俗之时，我们必须参考一切有关礼仪习俗的历史文件，以资比较。所以我们认为历史的与功能的两种研究，应该相辅而行。

三

末了，略述非汉族团的实地考察在社区研究上的特殊意义，以及此种实地考察对于中华民族国家前途的重要性。

先说考察非汉族团在社区研究上的意义：我们以为欲彻底明了中国现代社会的真相和全相，除了研究汉族在边陲的移民社区，在内地的农村社区，在沿海的都市社区，和在海外的华侨社区外，必须迅速的同时研究中国境内各种非汉族团的地方社区；因为满、蒙、回、藏以及西南诸土著民族，均为构成中华民族的分子，在过去和现在，均占有极重要的地位，自应列入整个社区研究和国家建设计划范围之内。现在东北已非我有，西北则危在旦夕，我们势不得不从西南民族的实地考察做起。又若纯从实地考察的训练步骤来说，从西南民族做起，也有种种便利。譬如：

一、我们之所谓功能的研究，乃是以比较的观点为工具的。大凡一个人永远只在一种文化环境之下过活，很不容易得到一个比较的观点；如没有比较的观点，就不容易发现问题之所在，更谈不到深刻的分析。比较社会学家对于文化论所以能有独特的贡献，也就是因为这一点。所以我们若要训练一个实地研究员，使他获得比较的观点，莫如让他先去考察一个和他本族具有最悠久亦最深长的历史关系，而同时却仍保有他在体质上，语言上及文化上不同的特性的非汉族团。编者所拣定的广西象县东南乡的花蓝瑶，便是这样一个非汉族团。他们而且单从花蓝瑶的社会组织一方面来考察，这亦是社区研究惟一较好的方法。

二、若就社会文化的复杂性而言，西南非汉族团所过的生活，自较其他非汉族团朴质而简单。在应用比较法以研究非汉族团的时候，必须是先从研究较简单的社区入手。在一个极简单的族团中，人口稀少，土地狭窄，生活技能鄙陋，因而在文化上，亦常呈一种较紧凑的现象。这种文化上高度的“有机的统一性”，非内地较大的村落社区所可比拟的。这种社会各部的相关性和一贯性，都可以由“局内观察”得来。我们看过这本花蓝瑶的社会组织以后，就不能不承认该族社会组织的严密，文化配搭的细致。试一设想，这样的社会一旦陷入危机，不但族团内的各个人不能维持他原有的生活，便是整个社会亦将随之而动摇瓦解。例如本专刊内所述，由于外婚范围和村落组织不相调适，曾经引起婚姻停顿多年的事情。这种人性与社会组织间由相互影响而形成的局势，惟有在简单而紧凑的文化中，才会得到显著的表现。而用功能法来观察这样的社会形态，尤有莫大的便利。

研究非汉族团所得的材料，不但在学术上有极大的价值，就是在中华民族立国的基础上，亦将有它实际的效用。科学研究虽非专以应用为目的；而并非专为应用的研究，往往于无意之中，能有重要的应用价值。并且每一科学，在它草创的时候，如能适应国家及社会实际的急需，常能得到迅速发展的机会，所以实用性的研究是科学所不可忽视的。何况我国眼前所处的特殊环境，更需要吾人特别注重有关国家及社会最迫切的实际问题的研究。编者有鉴于应用人类学的重要，所以在末一章讨论族团间的关系时，曾暗示了边省政府对付“特种民族”应取何种政策的实际问题。兹专就这实际问题的重要性，稍加申释，以唤起国人的注意。

我们汉人都得承认，民国虽已成立25年，而离“民族国家”建设完成之期尚远。在中国境内，许多非汉族团和汉族迄未打成一片，彼此常处于歧视的地位，在名义上虽为“五族共和”（西南诸土著民族是弃之度外的），在事实上，各族间却远没有形成一个大一统的“族团意识”，这是无可掩饰的。在海禁未开以前，汉族在东亚大陆上，本处于领袖族团的地位，它拥有最多的人口，最大的领土，和最高的文化。势力所及，在满清武力统治之下，形成了一个政治上的大帝国。当这“大帝国”的向心动向，尚没有把许多复杂分子在语言，文化和意识形态上形成一个大族团单位的时候，已与欧美及日本等强有力的族团发生了直接的接触。在这接触日益密切的处境下，强邻因有扩张领土或霸占商场的野心，遂不惜利用我们各族间的隔膜，来分裂我们的国家，阻碍我们形成统一族团意识的进程。自外蒙独立，“满洲国”成立以来，四围的非汉族团，都已迅速的开始了离心的倾向，使我们本来希企的各族一统的大事业，遇到了空前的险阻，而国内的民族问题亦一天一天的尖锐化了。

在这局势之下，虽已有了所谓“到边疆去”的运动，但是这运动还只是一个口号，一种希望。“到边疆去”，不是一件容易的事。最困难的一点，即是我们根本不明了非汉族团的生活实况。在没有相当了解以前，侈言“到边疆去”、“同化政策”……乃至“特种民族教育政策”，都是不切实际之谈，就以本专刊最后一章内所显示的大藤瑶山中族团关系复杂的情形来说，我们已可以知道边省长官在实行开化或特种教育政策时所会引起怎样的一套纠纷的问题了。

普通说来，当一个低级文化与一个高级文化相遇的时候（这里所谓“高”、“低”，系叙述的名词，并不包含价值观念在内），常常会发生几种实际问题，如人口问题，土地问题和宗教问题等。试以花蓝瑶为例：第一，人口降落的现象，是很显明的（约在600年中，减少原有人口35%）。编者曾详述花蓝瑶以及其他长毛瑶，自入山以后如何因土地限制而引起家庭破裂，又如何为预防家庭破裂而限制人口增加。将来如果研究其他正受或将受汉化的瑶族时，或者还会发现另一种现象，即是土人因为不能适应汉族移民所造成的新的社会环境，而逐渐绝灭。这就是澳，非，美洲土著族团与西洋文明接触以后所遭遇的窘境。

第二，土地问题的严重化。譬如上面所说的，因土地与人口不能维持均衡，人口于是降落。惟一补救之法，即是限制汉人入山耕地，多给他们保留耕种的土地。又如长毛瑶与过山瑶因移殖先后的不同，而引起了地主与佃户间的阶级冲突。这种族团间的冲突，直接影响了族团结构本身。此种土地问题正在急遽的演进中，需要地方政府予以妥善解决。

第三，在文化形态上，反映了人地比例不相称时的一个征兆，便是巫术神话的发达。例如板瑶处于佃户的地位，常受地主长毛瑶的压迫，在物质世界既得不到满足，惟有从想像世界去求安慰，因而宗教美术的“精神文化”较为发达。据说，在长毛瑶中，如遇重大的疾病或事故发生时，要去请板瑶来招神问卦。这样可见足衣足食的长毛瑶也有仰求于他们的佃户的地方。这例子告诉我们：一个族团大多数人在社会和经济生活上失调，因而呈现心理紧张状态的时候，就会在精神生活上来设法弥补，以求解脱的。这亦是已受近代文明影响的未开化民族中所常见的现象。

以上不过专就花蓝瑶的范围随举数例而已，如在其他非汉族团中进行实地调查，亦会发现类似的问题的。由此可知政府当局在没有规定对付非汉民族的一般政策以前，在各民族中先须进行大量的社会学调查。同惠这本花蓝瑶的社会组织研究专刊，只是开了端绪罢了。这种实地研究专刊加多以后，可以增进我们对于非汉民族的实际生活的认识。有了充分的认识，再来规定初步的具体方案，然后逐步予以推行，随时加以修正，或者可以发生相当的实效，产生较合意的结果。广西当局励精图治，凡有兴举都开风气之先。这种果敢有为的精神，是值得为其他边省政府效法的。最后，甚愿乘此机会感谢广西省政府在过去一年间给予孝通、同惠在研究上的种种优待和便利！

1936年6月7日

附录二　花蓝瑶的亲属称谓

胡起望

费孝通按：原稿第四章亲属篇里所附亲属称谓表格，当时所用记音符号不够正确，并不合通行标准，所以特请中央民族学院胡起望同志，根据现场调查加以校订，用国际音标改写，并发表他的补充意见。原稿保存原样，以此作为附录。

1987年4月

花蓝瑶是瑶族中的一部分，人数不多，集中居住在广西金秀瑶族自治县南部的六巷一带的12个村寨。在30年代，金秀瑶族自治县还没有成立，当时称作大瑶山地区，尚分属附近几个县所管辖。花蓝瑶居住的六巷一带当时属于象县的南乡，而自治县是在解放以后的1951年才正式建立起来的。

花蓝瑶自称“穷咧”，意思是居住在山上的人，主要有蓝、胡、侯、冯、相五姓，他们的语言与苗语相接近。据花蓝瑶群众的传说，他们的祖先是从贵州古州（今贵州榕江一带）迁来的。离开原籍以后，全族人分乘18只大船沿都柳江顺流而下，途经柳州等地。在一河道弯曲，水流湍急，险滩密布的地段，半数船只倾覆，剩下的族人只能在象州，武宣，桂平沿岸一带登岸。曾住在象州七里、下里、马鞍山、梧桐、江西等地。后因参加明代大藤峡瑶民起义失败，在官军追杀下，被迫分成多路，经象州的大乐、中平以及罗运外围，从大瑶山的西南与东南方面进入大瑶山腹地。现在花蓝瑶的家中还记载有迁入大瑶山以来祖先的姓名，一般可上溯14至18代，说明他们进入大瑶山已有约400年的历史。

花蓝瑶都是一夫一妻制的家庭，过去男女少年在十一二岁时就由父母择配，以铜钱百文，衣服一套，银饰（手镯或项圈）一件作为聘礼，表示已经订婚。此后每逢节日，娶方要给嫁方送些糍粑之类的礼物，嫁方则带儿女去娶方家吃一顿饭，以表明双方的关系。当儿女长大，不满意已订婚约时，也可以解除，但必须向对方赔偿铜钱3000文（后改3个或6个银元）。

花蓝瑶结婚的年龄比较早，一般在16岁左右就举行婚礼。由于结婚早，双方很少了解，所以离婚的较多。据在门头村的调查（1957），51个已婚男子中，结婚1次的仅19人，其他有的结婚2次（21人），有的结婚3次（10人），还有1人竟先后结婚达9次之多。在61个已婚女子中，结婚1次才20人，其余有的结婚2次

（29人），有的结婚3次（11人），有的结婚4次（1人）。由于婚姻的不稳定，所以结婚仪式往往比较简单，一般只要在婚期前一天由媒人带白米，酢肉，烧酒各8斤，在嫁方吃一顿饭后，就可将新人带回。新人入门时，娶方的家长要外出回避，新婚夫妇同坐一条长凳，一起喝酒一杯，婚礼即告完成。照例不宴请宾客，只要用少量酒肉请媒人和接亲的人吃一餐。婚后，如有一方感到不满意，便可提出离婚。提出的一方只要赔偿对方一二千个铜钱或一二十个银元。直到第一个子女生育后，意味着婚姻已经比较稳固，在子女满月时，才大办酒席，宴请宾朋亲友。具有庆贺孩子满月以及宣告婚姻缔结、家庭组成的双重意义。在大瑶山中部的龙华、南州、六团、丈二等村的花蓝瑶，则没有生子女满月后大办酒席的习惯，在结婚时要送的聘礼较多，婚姻关系也比较稳固。

花蓝瑶的亲属称谓对父系上下三代亲属都有一定的

称谓（祖父称“koη˧”，可能是受汉语“公”的影响），妻子对于丈夫家上下平辈的称呼，都与丈夫相同（见夫系亲属称谓表），而丈夫对于妻子家的父（岳父）母（岳母）兄弟（妻舅）则与妻子所称的不同（见妻系亲属称谓表），反映出他们主要是一夫一妻制的父系家庭。在父系亲属称谓中可以看出，兄与伯父；姐与姑母；嫂嫂与儿媳；丈夫与丈婿；孙子与孙女；弟媳与妹妹等称呼都是相同的，这可能说明了如下的几种情况：（一）尊称：例如将哥哥、姐姐喊成与伯父、姑母一样，将儿媳与女婿喊成和嫂嫂、丈夫一样，这是将哥哥、姐姐的称呼按自己子女的地位来称谓的结果，而对于从外姓而来的下一辈，即对儿媳与女婿，又采用了平辈的称呼。（二）因隔代距离较远而含糊称呼：例如孙子与孙女因系属第三代，距离较远，所以都统称为孙。（三）亲切：例如将弟媳与妹妹称作同一称呼等等。

从母系与妻系的亲属称谓中也可以看出，妻兄弟

（妻舅）姐（妻姐）妹（妻妹）；和母亲的兄弟（母舅）姐（大姨母）妹（小姨母）的称呼是完全一样的，而岳父，岳母的称谓则和外祖父（母之父）外祖母（母之母），是完全一样的，由此可见花蓝瑶人在对妻系的家庭成员中，完全采用了对待母系家庭成员的称呼，即全部使用升了一辈的称呼，即用自己的子女的称谓来称呼妻系家庭中的成员，造成了母系称谓与妻系称谓完全相同的情况。只有在岳父、母没有儿子的情况时，才使用不同于“外祖父”，“外祖母”的称谓，而单用“tsaul”和“tail”，这很可能是因在这个时候的女婿，又起着儿子的作用，所以才改用了与外祖父、外祖母不同的称呼。

父系亲属称谓表

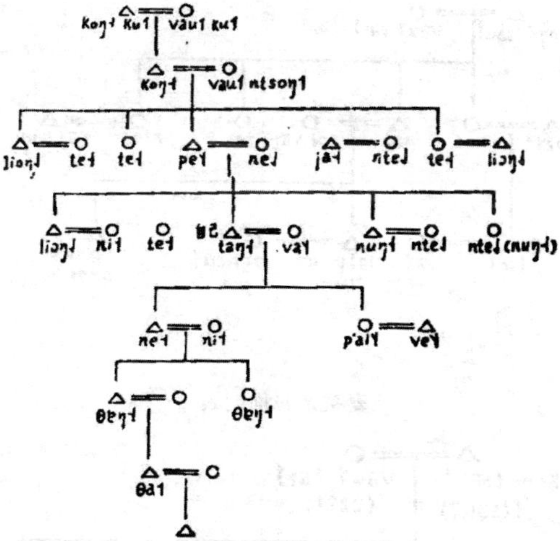

夫系亲属称谓表

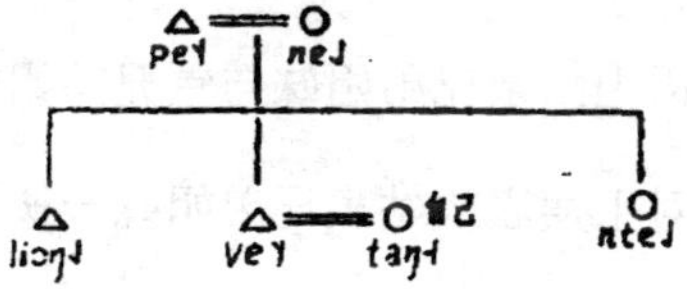

母系亲属称谓表

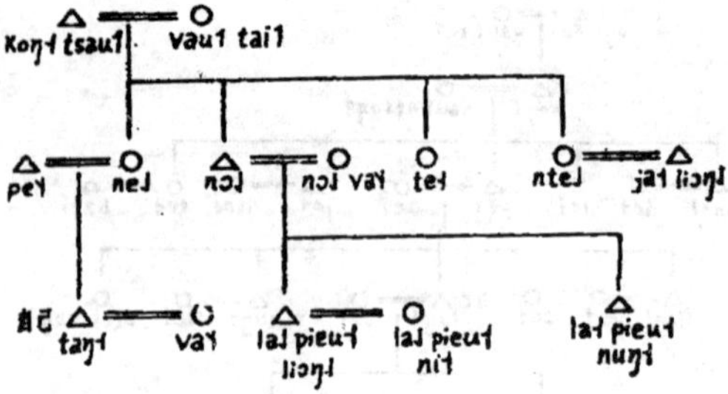

妻系亲属称谓表

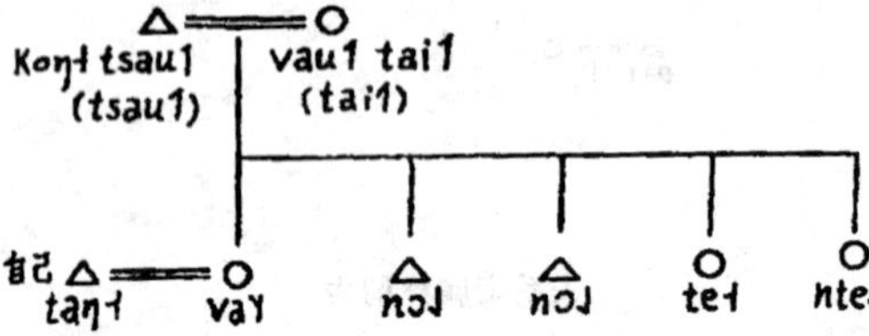

在花蓝瑶语中，亲兄弟姐妹与堂兄弟姐妹之间没有不同的称呼。对于姨表或姑表兄弟姐妹一概都在兄弟姐妹之前加“lalpieu˧”的称呼。从“lalpieu˧”的发音看来，显而易见是汉语“老表”的借入。由此可见，对于由姻亲关系而发展的亲属概念，是受到汉族的影响而产生的，但还没有发展到姨表与姑表的区别。

在花蓝瑶亲属称谓中，用得较多的称谓有“te˧”与“nte˧”两个。“te˧”表示的含义有姐姐、大姨（妻姐）、大姨母（母之姐）、姑母（父之姐）。而“nte˧”表示的含义竟包括有妹妹、小姨（妻妹）、小姨母（母之妹）、叔母（父之弟之妻）与儿媳妇（儿子之妻）等等。即对自己之姐妹，妻子之姐妹，母亲之姐妹，父亲之姐妹等等都是一样的称呼。这种对自己的姐妹及妻方，母方与父方姐妹用同一称谓的称呼，反映了在以男子为中心的社会里，对于妇女亲属称谓的简略。

本文中所指出的在母系与妻系的亲属称谓中，对妻系的家庭成员全部使用升了一辈的称呼，即用自己的子女的称谓来称呼妻系家庭中成员的情况，完全证实了王同惠在《花蓝瑶社会组织》中所说的“我们疑心是借用儿女所用的称谓”的推论，是完全正确的。

亲属称谓的研究只是婚姻、家庭与人际关系研究中的一个侧面，要全面地了解花蓝瑶的家庭社会与亲属关系，还必须辅之于其他方面的调查研究和必要的典型个案，因时间的限制，本文仅就亲属称谓方面作一点记录、分析。